RÉS

Collection di

Étude sur

Malraux et le roman

par Évelyne LANTONNET
Agrégée de Lettres modernes
Docteur en littérature française

ellipses

Résonances est une collection nouvelle qui entend, dans un nombre de pages réduit et sous un format original, offrir, sur une œuvre, un thème littéraires, l'essentiel des connaissances indispensables et incontournables qui permettent l'approche et l'étude efficace de l'ouvrage ou de la thématique concernés.

Résonances est une collection innovante qui entend inciter les lecteurs, jeunes et moins jeunes, à une lecture attentive et ludique, ouvrir des pistes à explorer, inviter à des rapprochements opportuns.

Résonances est une collection pratique dont l'objectif est de répondre aux besoins des élèves de première et de terminale.

Résonances est une collection autonome qui peut être complétée par la série *Analyses & Réflexions* qui, grâce à des articles variés, élargit et diversifie l'approche des textes.

Dans la même collection

– des ***RÉSONANCES ŒUVRES***

- Étude sur Hugo, *Hernani,* par M. Bilon.
- Étude sur Hugo, *Ruy Blas,* par G. Saint-Pierre et Ch. Gouillon
- Étude sur Musset, *Lorenzaccio,* par Thahn-Vân Ton-That.
- Étude sur Vigny, *Chatterton,* par C. Lefouin.
- Étude sur Malraux, *L'Espoir,* par J.-F. Authier.
- Étude sur Malraux, *La Condition humaine,* P. Villani et B. Bonhomme.
- Étude sur La Fontaine, *Fables,* par P. Caglar.

– des ***RÉSONANCES GÉNÉRIQUES***

- Étude sur le drame romantique, collectif.

– des ***RÉSONANCES MÉTHODIQUES***

- *Le premier sujet : étude d'un texte argumentatif,* par H. Marguliew
- *Le deuxième sujet : commentaire littéraire ou étude littéraire,* par M. Bilon et H. Marguliew

Étienne CALAIS, *agrégé de Lettres modernes, est professeur en lycée et en sections de BTS. Il est chargé de cours aux Arts et Métiers. Il a été aussi intervenant dans le réseau SUP TG (groupe ESC Reims) et à l'ENSADE (Beaux Arts) de Reims.*
Il a rédigé des cours par correspondance - lycée et BTS – pour CUF-Bordas, Éducatel et France-Formation. Il a dirigé et co-produit la série de manuels de français de la collection « Organibac », chez Magnard (8 volumes à ce jour, dont le Précis de Littérature française par siècle et par genre, *le* Précis de Littérature gréco-latine, *le* Précis des Littératures de la Communauté Européenne*).*
Il a publié en collaboration avec des professeurs de classes préparatoires De la méthode *aux éd. Ellipses, ouvrage de culture générale et de philosophie à destination des lycéens de Terminale et des élèves de « Prépas » littéraires et commerciales.*

ISBN 2-7298-4633-6

PRÉFACE

Après une première année expérimentale, les nouvelles modalités — écrites et orales — des épreuves de français de fin de première paraissent entrées dans les mœurs. Le principal bouleversement a consisté dans l'introduction d'un programme annuel d'œuvres et de thèmes — variables selon les séries — et entièrement renouvelable, programme qui sert de support à la fois à la dissertation littéraire et aux épreuves orales de lecture méthodique et d'entretien.

Les lycéens de la cuvée 1995-1996 ont ainsi découvert les délices du conte voltairien, les mille et un détours du roman d'apprentissage français du XIXe siècle et les arcanes de la tragédie racinienne. Les lycéens de la promotion 1996-1997 auront à s'initier aux mystères du drame romantique (toutes séries), aux problématiques des romans de Malraux (séries L/ES/S) et aux charmes des *Fables* (un livre entre les livres VII à XII) de notre cher La Fontaine (série L).

En tout cas, il apparaît de prime abord que ces modalités nouvelles n'ont pas été défavorables aux candidats, notamment à ceux qui ont investi dans l'approfondissement des œuvres et des thèmes proposés au programme et ont choisi la dissertation littéraire à l'écrit ; une leçon à méditer pour les lycéens qui se présenteront à l'E.A.F. en juin 1997 et qui peuvent (et doivent) se fixer comme objectifs :

– une *bonne maîtrise* des œuvres retenues par la classe et par le professeur (celle du système des personnages de *La Condition humaine* par exemple) allant jusqu'à la mémorisation de phrases ou de vers-clés ;

– une *bonne connaissance* des contextes des dits ouvrages (celle de la guerre civile espagnole, arrière-plan de *L'Espoir*, par exemple), contextes historique, biographique, littéraire.

– une *bonne approche* des thèmes des dites œuvres (connaître, par exemple, les origines et les définitions du drame romantique).

La collection RÉSONANCES offre en conséquence aux lycéens désireux de réussir tous les éléments sus-indiqués ; elle propose en outre dans la section « L'œuvre (ou le thème) à l'examen » des exemples détaillés de dissertations littéraires, de lectures méthodiques et de questions types d'entretien.

Étienne Calais

L'ŒUVRE ET SES CONTEXTES

Une extraordinaire faculté de synthèse, une culture assez vaste et assez précise pour oser les comparaisons les plus inattendues, les plus vraies, les plus sensationnelles ; des facultés d'analyste assez acérées pour démontrer les intentions secrètes d'artistes ; des dons de persuasion, d'éloquence, de finesse qui entraînent l'adhésion la plus rétive ; le sens des paradoxes poussé à l'ironie supérieure ; une logique impitoyable ; une présence d'homme ; un prestige de héros : André Malraux.

André Parinaud, *Arts*, 30 novembre 1951.

I. REPÈRES BIOGRAPHIQUES (1901-1976)

A. Jeunesse et formation (1901-1920)

« Je n'aime pas ma jeunesse [...] Je n'ai pas eu d'enfance. »

1901	Naissance à Paris d'André Malraux, issu d'une famille bourgeoise flamande et d'un milieu de petits commerçants. De par l'incertitude de son statut social, il se jugera comme un « déclassé ».
1905	Séparation des parents. Admirateur d'un père lointain, le jeune André est élevé par sa mère et sa grand-mère qui tiennent une épicerie près de Bondy.
1915-1918	École primaire supérieure. *Lectures : Balzac, Stendhal, Michelet, Barrès, Tolstoï et Dostoïevski.*
1918	Non admis au lycée Condorcet, il abandonne ses études secondaires. Il fréquente bibliothèques, théâtres et musées.

B. Aventure et culture (1920-1925)

« A vingt ans, aviez-vous un projet ? Lequel ?

– Le projet, c'était une vie en marge : ce à quoi l'art devait concourir avec force. »

1920	Directeur littéraire des Éditions du Sagittaire, il s'installe à Paris. Il publie son premier article : « Des origines de la poésie cubiste ». *Il fréquente des peintres : Galanis, Derain, Braque, Picasso, Chagall.*
1921	Mariage avec Clara Goldschmidt. (Il divorcera après la guerre). Durant les deux années qui suivent, nombreux voyages en Europe.
1923	Effondrement des valeurs boursières qui entraînent la ruine du couple. Pour compenser cette perte, André et sa femme projettent de découvrir et de revendre des œuvres d'art. Ils s'embarquent pour l'Indochine, pillent des vestiges du temple cambodgien Bantéaï-Srey. Malraux est arrêté.
1924	Condamné à trois ans de prison, il est finalement acquitté et peut regagner la France.
1925	Nouveau départ pour l'Indochine. Il fonde un journal « libéral » : *L'Indochine*, qui dénonce la colonisation. (Ce journal paraîtra jusqu'en février 1926). Avril : Il passe quatre ou cinq jours à Hong Kong. Décembre : Il rentre en Europe.

C. Malraux romancier : l'engagement politique (1925-1945)

« Il est difficile d'être un homme. Mais pas plus de le devenir en approfondissant sa communion qu'en cultivant sa différence — et la première nourrit avec autant de force au moins que la seconde ce par quoi l'homme est homme, ce par quoi il se dépasse, crée, invente ou se conçoit. »

1926	*La Tentation de l'Occident.* Automne : Malraux commence à rédiger *Les Conquérants.*
1927	Il publie plusieurs articles dans la *N.R.F.*
1928	La parution des *Conquérants* est un succès. Malraux signe un contrat de cinq ans avec Gallimard. *Il rencontre Gide, Valéry, Martin du Gard.*
1930	*La Voie royale* reçoit le prix Interallié.
1931	De mai à décembre : Voyage autour du monde — Perse, Afghanistan, Inde. Séjours à Canton, Shanghai, Pékin. Découverte du Japon. Malraux rédige *La Condition humaine.*
1933	Malraux fait partie de l'A.E.A.R., Association des Écrivains et Artistes Révolutionnaires, sous la présidence de Gide.

1933	*La Condition humaine* reçoit le prix Goncourt, à l'unanimité, au premier tour.
1934	Expédition aérienne au Yémen : il survole la capitale légendaire de la reine de Saba. Voyage en U.R.S.S. : Malraux fait une allocution au Congrès des écrivains soviétiques. *Il rencontre Eisenstein, Pasternak, Gorki. Il rend visite à Staline.*
1935	*Le Temps du mépris.*
1936	18 juillet : début de la guerre d'Espagne. 21 juillet : Malraux atterrit à Madrid, puis se rend à Barcelone. Il commande l'escadrille « España », formée d'aviateurs étrangers. Il combat à Medellin, Madrid, Tolède, Teruel.
1937	*L'Espoir.*
1938-1939	Tournage du film « Sierra de Teruel ».
1939-1940	Il rompt définitivement avec le parti communiste. Guerre dans une unité de chars. Fait prisonnier, il s'évade.
1940-1941	Parution en Suisse des *Noyers de l'Altenburg* (Tome 1 de *La Lutte avec l'ange,* dont la suite ne sera pas publiée).
1942-1943	Malraux travaille au *Démon de l'absolu* et à *La Psychologie de l'art.*
1944	Mars : Entrée dans la Résistance. Il participe au maquis en Dordogne et dans le Lot, sous le nom de « Colonel Berger ».
1944-1945	Il fait partie de la Brigade « Alsace-Lorraine » durant la reconquête des territoires occupés. Sa seconde compagne Josette Clotis, dont il a eu deux fils, meurt accidentellement.

D. Malraux ministre : les essais sur l'art (1945-1976)

« Je crois à une certaine durée millénaire de la volonté de création. »

1945	*Il rencontre pour la première fois le Général de Gaulle.* Le film « L'Espoir » reçoit le prix Louis Delluc. Malraux devient ministre de l'Information dans le gouvernement de Gaulle.
1947-1953	Il participe aux activités du R.P.F. (Rassemblement du Peuple Français, mouvement gaulliste).
1951	*Les Voix du silence.*
1957	*La Métamorphose des Dieux.* (tome I), qui deviendra *Le Surnaturel.*

1958	Il proteste avec Martin du Gard, Mauriac et Sartre contre la saisie du livre d'Henri Alleg, *La Question*, condamnant la torture en Algérie.
1958-1969	Ministre des Affaires culturelles, il favorise la construction des maisons de la culture et organise de nombreuses expositions internationales. *Il rencontre Nehru, Mao, Nixon.*
1964	Oraison funèbre de Jean Moulin au Panthéon.
1967	Premier tome des *Antimémoires*.
1968	Mai : Il assure sa fidélité au Général de Gaulle et interprète les événements comme « une crise de civilisation ».
1969	*Il se retire à Verrières-le-Buisson et rencontre une dernière fois le Général de Gaulle.*
1971	*Les Chênes qu'on abat.*
1973	Voyage en Inde. Malraux inaugure à la fondation Maeght une exposition qui lui est consacrée.
1974	Il publie *La Tête d'obsidienne*, *Lazare*, et le second tome de *La Métamorphose des Dieux* : *L'Irréel.* Dernier voyage au Japon.
1975	*Hôtes de passage.*
1976	*La Corde et les souris*, qui constitue avec les *Antimémoires* : *Le Miroir des limbes*. Publication de *L'Intemporel*, dernier tome de *La Métamorphose des Dieux.* Mort de Malraux.
1977	Publication posthume de *L'Homme précaire et la littérature.*

II. CONSIDÉRATIONS SUR LE ROMAN

Malraux ne se contente pas d'écrire des romans. Il exerce aussi une activité de critique. D'une manière plus systématique, il est **à la recherche d'une esthétique**, qui vaudra pour lui-même et pour d'autres écrivains, et par extension, pour la littérature et d'autres formes d'art. Cette réflexion esthétique sur le roman se fait en deux temps : parallèlement à l'écriture romanesque, par le biais d'articles ou de préfaces ; puis, après la parution des grands romans, au terme d'une vie d'études et de confrontations. C'est la publication posthume de *L'Homme précaire et la* *littérature*, en 1977, qui révélera les positions majeures de Malraux sur les questions spécifiquement littéraires.

Avant toutes choses, Malraux dialogue avec le roman du XIXe siècle, dont son esprit est imprégné. Dans *Les Noyers de l'Altenburg*, Vincent Berger, de retour d'un long séjour en Orient, s'arrête, fasciné, devant la vitrine d'une librairie à Marseille :

> Sous la coulée des passants muets de la glace, il y avait [...] les ombres ambitieuses dans les troubles éclairages du Paris de Balzac, les figures de tendresse sous le halo des lanternes de Dickens, la misérable foule emmitouflée que fendent de leur course méditative les assassins de Dostoïevski... Stendhal, Tolstoï, Dickens, c'étaient les Mille et une nuits de l'Occident[1].

Cette scène qui a valeur d'initiation témoigne de l'univers mental dans lequel les créatures malruciennes vont prendre place.

Mais le romancier n'est pas seulement chargé d'une mémoire ; il entre en littérature en confrontant ce qu'il porte en lui avec les créations de prédécesseurs qu'il se choisit. D'après Malraux, l'acte créateur ne se fait pas en relation avec la nature, ou ce qui pourrait être appelé la réalité, mais en étroite communication, parfois rivalité, avec des artistes antérieurs. Ce qui lui fait dire dans *L'Homme précaire et la littérature* :

> Avant de concevoir *La Comédie humaine* et de se battre avec l'état civil, Balzac s'est battu avec le roman de son temps[2].

Entrer dans l'univers romanesque de Malraux suppose une connaissance, même succincte, de quelques phénomènes culturels qui lui servent de base. Seront successivement éclairés ses prédécesseurs, un bref historique du roman tel qu'il le conçoit, et la définition de certains termes clefs de son esthétique romanesque.

A. De quelques prédécesseurs

Étant donné le point de départ de cette esthétique, qui n'accorde dans l'élaboration d'une œuvre d'art que très peu d'importance au monde, et reconnaît au contraire un rôle majeur aux maîtres, ceux que Baudelaire appelait « Les Phares », il semble indispensable de situer les prédécesseurs que Malraux retient. Liste difficile, qui ne saurait être exhaustive. Dans un

1. *Les Noyers de l'Altenburg*, *in* : *Œuvres complètes*, II, Gallimard, La Pléiade, 1996, p. 678.
2. *L'Homme précaire et la littérature*, Gallimard, 1977, p.155.

premier temps, seul le roman du XIXe siècle sera retenu, comme culture et stratification ; les maîtres choisis le seront non en termes d'admiration, mais en fonction des questions que Malraux se pose à leur sujet. Le dialogue que l'auteur de *La Condition humaine* noue avec ses romanciers de prédilection semble porter sur deux débats fondamentaux : le réalisme, à travers deux de ses illustres représentants — Balzac et Flaubert — ; l'imaginaire, à partir du roman russe — notamment Tolstoï et Dostoïevski.

1. La réfutation du réalisme

A propos des deux maîtres du réalisme français, le débat s'inscrit étrangement dans une contestation du réalisme. Malraux définit la réalité comme « *un système de rapports*[1] » qui s'établissent dans le monde. Or, pour lui, l'œuvre d'art repose sur des rapports esthétiques qui lui sont propres. **Dès l'origine, le réalisme est jugé comme un leurre** et Malraux ne cessera de le dénoncer. En 1934, il déclare lors d'un entretien pour Literatournaia Gazeta « *Réalité, en art, ne veut exactement rien dire.* » Pourquoi donc s'intéresser à Balzac et Flaubert ? Justement pour démontrer qu'ils ne sont pas réalistes.

Balzac

La Comédie humaine, composée d'une centaine de romans, animée par trois mille personnages, représente en soi tout un monde, et Malraux saura gré à Balzac d'avoir fondé « *une création autonome*[2] ». Il salue ici la puissance de création et surtout la cohérence d'un système. Balzac le passionne parce qu'il est le premier à mêler la fiction et la réalité. Si cet effort de fusion n'atteint pas la réalité, il produit une réalité seconde, nécessairement fictive — « *Le Paris de Balzac devient le lieu privilégié de ce qui existe presque*[3] ». C'est dans cette tension du « *presque* » que Malraux mesure l'écart entre l'œuvre et le monde. Il analyse, à travers cette immense fresque, ce passage sans précédent du réel vers l'irréel. Balzac fonde d'abord l'imaginaire du romancier : « *En créant La Comédie humaine, Balzac en crée l'auteur*[4]. » Plus largement, il crée **un nouvel imaginaire du roman**, qui donnera à ce genre une impulsion décisive :

---

1. *L'Homme précaire et la littérature*, p.159.
2. *Ibid.*, p. 102.
3. *Ibid.*, p. 100.
4. *Ibid.*, p. 119.

> Balzac ne conçoit *La Comédie humaine* que s'il y rend intelligibles l'homme et la société par son œuvre... L'une des ambitions premières du roman, désormais, sera de saisir l'expérience humaine à travers la fiction[1] [...]

Si Malraux est sensible chez Balzac à la fécondité du génie créateur, Flaubert représente pour lui l'expérience inverse : celle du dépouillement et de l'ironie. Bien que les deux artistes s'appliquent à peindre la réalité, Malraux aborde l'auteur de *Madame Bovary* comme l'antithèse de Balzac. « *La fiction flaubertienne n'apporte pas une photo de la Normandie, elle apporte l'envers de* La Comédie humaine[2]. » Spirituellement, Malraux a des affinités avec Balzac ; sur un plan purement esthétique, il comprend que la littérature, en tant que conscience réflexive, naît sous la plume de Flaubert.

Flaubert

L'originalité du solitaire de Croisset est d'abord, aux yeux de Malraux, de vivre et de créer parmi les livres. Beaucoup plus qu'avec le monde, c'est avec sa bibliothèque que Flaubert dialogue. De la confrontation de cet univers de mots avec la réalité, surgissent **une attitude de dérision**, un principe de démystification. Il en résulte une modernité de l'écriture romanesque. **L'action est ruinée** — Malraux parlera dans sa préface à *Sanctuaire* des « *beaux romans paralysés de Flaubert* ». De même, le personnage se trouve dessaisi, non seulement de tout héroïsme, mais de toute valeur, le summum de la caricature se concentrant dans *Bouvard et Pécuchet*. Cette **double contestation** s'effectue sous le signe de la dérision et conduit Flaubert à l'art qu'il partage excellemment avec Daumier : la caricature. Malraux qualifiera le créateur d'Homais : « *Premier romancier français à éprouver l'absurdité de la condition humaine*[3] ».

Tout lecteur de Malraux est conscient que le roman malrucien se construira aux antipodes de Flaubert, privilégiant l'héroïsme et l'action, refoulant la stérilité et la bêtise. Malraux hérite du maître le double message de la vanité des illusions humaines et de la primauté de l'art.

1. *L'Homme précaire et la littérature*, p. 302.
2. *Ibid.*, p. 118.
3. *Ibid.*, p. 164.

2. L'avènement de l'imaginaire

La notion d'imaginaire est complexe chez Malraux. Si l'imagination représente « *un domaine de rêves* », l'imaginaire définit « *un domaine de formes* ». En conséquence, l'imagination intéresse la vie ; l'imaginaire, l'art. L'imaginaire spécifique du roman ne naît pas avec le roman russe, mais entre définitivement en littérature à partir de Tolstoï. « *En 1880, le dernier né des romans, le russe, est le plus irrationnel*[1]. » Malraux insiste beaucoup sur le temps qu'il a fallu pour que ces romans soient traduits et vulgarisés en Europe ; cependant, cette connaissance même tardive se révèle essentielle dans la mesure où le roman accède à la spiritualité :

> Ils ne tiennent pas leur imagination pour une réalité, pour la réalité. Tout les en écarte, et d'abord l'éclairage qu'ils imposent au roman : celui de la spiritualité[2].

Tolstoï

Dans la postface des *Conquérants*, Malraux rend hommage au grand maître russe en ces termes : « *Il est un des sommets du génie occidental* ». Le lecteur ne compte plus le nombre d'allusions soit à *Anna Karénine*, soit à *Guerre et Paix*. Malraux n'entre pas en conflit avec Tolstoï, il se sert de lui pour étayer son esthétique. Deux points importants peuvent être dégagés. Premièrement, Malraux mène toute une réflexion sur **la comparaison entre la vie et sa représentation**. De l'article de *Verve*, qui date de juin 1938 à son essai posthume, Malraux s'interroge sur la différence qui s'établit entre le personnage et le lecteur : « *Pour Anna vivante, les événements seraient subis ; pour le lecteur, à travers Tolstoï, ils sont possédés*[3]. » Par la maîtrise du romancier, le destin est aboli. Malraux attribue cet apport à Tolstoï et à sa génération : « *A la mort de Tolstoï, chacun éprouve confusément que les grands romanciers changent des destins subis en destins dominés*[4]. » Cette transfiguration deviendra le critère d'appréciation des grandes œuvres. Deuxième nœud de réflexion : il s'agit à présent de **distinguer roman et récit**. D'après Malraux, l'histoire au sens narratif du terme — ce qu'il appelle le récit — est sans doute la part la moins importante de l'œuvre. Le roman, quant à lui, comporte des

1. *L'Homme précaire et la littérature*, p. 195.
2. *Ibid.*, p. 133.
3. *In* : *Verve*, n° V, Juin 1938, « De la représentation en Occident et en Extrême-Orient », p. 69.
4. *L'Homme précaire et la littérature*, p. 186.

éléments formels — composition, écriture —, des éléments signifiants — philosophiques, métaphysiques. Ce sont les adaptations cinématographiques qui ont permis de saisir la primauté du roman sur le récit : le film rend compte uniquement du récit, il ne peut atteindre la spécificité romanesque : « *Le vrai Tolstoï, c'est ce qu'on ne peut pas transposer, après qu'on a tout transposé*[1]. »

Malraux associe spirituellement Tolstoï et Dostoïevski dans une même famille qu'il appelle « *les prophètes de l'irrémédiable*[2] » , dans laquelle il place également Pascal, Baudelaire, Nietzsche. Il entend par là les artistes qui envisagent la condition de l'homme en termes de destin. Toutefois, dans la postface des *Conquérants*, il opère une distinction entre les deux romanciers slaves : à ses yeux, seul Dostoïevski se veut « *spécifiquement russe* ».

Dostoïevski

Des quatre maîtres retenus, l'auteur des *Possédés* est sans doute le plus proche de Malraux. Aveu intellectuel d'abord : Malraux inscrira dans les notes du livre de Gaëtan Picon qui lui est consacré — « *Dostoïevski, dont la présence depuis quarante ans est écrasante*[3] ». Reconnaissance fraternelle : au terme de sa vie, il parlera du « *génie spasmodique de Dostoïevski*[4] ». N'est-ce pas là une définition de son propre univers romanesque ? Ce lecteur de Balzac, Dickens et Gogol qu'est le romancier russe fait preuve d'une connaissance de l'homme si déliée que, selon la formule des *Noyers de l'Altenburg*, il ne pourrait plus « *être surpris par lui*[5] ». Cette aptitude à pénétrer l'intériorité des personnages s'explique surtout par une plongée sans précédent dans l'irrationnel.

La relation spirituelle entre Malraux et Dostoïevski sera examinée de trois points de vue : éthique, métaphysique, esthétique.

Dès novembre 1934, dans un article intitulé « L'attitude de l'artiste », publié dans *Commune*, Malraux soutient que, loin d'être une peinture de la société, le roman de Dostoïevski se veut une mise en œuvre de « *la pensée éthique* ». Au cœur de cette réflexion, Malraux est sensible au conflit qui

---

1. *L'Homme précaire et la littérature*, p. 146.
2. *Saturne, essai sur Goya*, Gallimard, 1950, p. 79.
3. G. Picon, *Malraux par lui-même*, Le Seuil, 1953, p. 38.
4. *L'Homme précaire et la littérature*, p. 176.
5. *Les Noyers de l'Altenburg*, p. 674.

s'institue entre l'innocence et le mal. Partant de l'innocence de Muichkine dans *L'Idiot*, qui tend vers la sainteté, le questionnement moral devient très aigu à propos des *Frères Karamazov*, en particulier lorsque Dostoïevski fait « *du supplice d'un enfant par une brute, l'irréductible accusation du monde chrétien*[1]. » Dès cet instant, le personnage d'Ivan s'efface devant une force qui le dépasse et insuffle au roman sa spiritualité : le Mal.

Directement liée aux questions éthiques, la méditation métaphysique se révèle la plus sensible. Après la célèbre imprécation de Nietzsche — « Dieu est mort » —, Dostoïevski n'est-il pas celui qui poursuit cette réflexion en déclarant : « Si Dieu est mort, tout est permis. » ? **Malraux est l'héritier de ce monde sans Dieu** et il rencontre chez Dostoïevski l'invivable paradoxe de la nécessité et de l'absence de dieu. Dans une lettre du 15 janvier 1926, adressée à J. B. Acres, se trouve ce commentaire éclairant de Malraux :

> Quand je suis forcé de décrire les Karamazov, je dis un cinquième évangile. Est-ce cette intense préoccupation d'un bien supra-moral qui le marque si fortement, son souci de ressembler au Christ[2] ?

A ce besoin de la transcendance, s'oppose « *le vertigineux accent du vide que creuse l'absence de Dieu, là où il devait être*[3]. » A plusieurs reprises, Malraux a une formule pour cerner cette approche si particulière du roman. A la postface des *Conquérants*, où il est question d'une « *prédication indomptable* » chez Dostoïevski, répond une note au livre de Gaëtan Picon, affirmant qu'au bout du compte, cette « *prédication* » devient un « *moyen de création*[4] » L'aspiration métaphysique* contribue à donner au roman sa forme.

Sur le plan de l'esthétique romanesque, deux éclairages s'imposent. Considération sur **le personnage** d'abord. Malraux atteste : « *On ne peut guère voir Julien Sorel et Rastignac des mêmes yeux, après qu'on a vu Raskolnikov* ». Cette modification du regard est due à « *la mise en question du réel et de l'imaginaire par la Vérité*[5]. » Autant chez Balzac, réel et imaginaire entraient en symbiose pour constituer le tissu romanesque,

---

1. *L'Homme précaire et la littérature*, p. 325.
2. Cité par R. Stéphane, *André Malraux, premier dans le siècle*, Gallimard, 1996, p. 108.
3. *L'Homme précaire et la littérature*, p. 200.
4. G. Picon, *Malraux par lui-même*, p. 58.
5. *L'Homme précaire et la littérature*, p. 134.

autant ils se trouvent contestés dans le roman russe par l'exigence d'une valeur supérieure, en quelque sorte fondatrice. La seconde réflexion de Malraux en termes d'art porte sur **la composition**. Il rappelle que le plan de *L'Idiot* a été complètement remanié : à l'origine, c'est Muichkine qui devait tuer Nastasia et non Rogojine. Bouleversement d'importance de par ses implications psychologiques et dramatiques. Or, Malraux s'empare de cette anecdote pour étayer son esthétique du roman, car, les manuscrits le prouvent, Malraux commence à écrire ses livres par de grandes scènes sans toujours discerner les personnages. A cet égard, Dostoïevski le sert, comme l'avait servi Tolstoï.

Les rapports avec Dostoïevski sont donc complexes et de première importance.

Avec le roman russe, la notion d'imaginaire prend une place qui ne lui sera plus contestée. Après avoir **réfuté l'illusion réaliste**, ce mensonge qui consistait à faire croire que l'artiste créait à partir de la nature, Malraux revendique la légitimité de l'imaginaire, comme source de formes, sachant que l'artiste s'inspire de ceux qui l'ont précédé.

B. Pour un historique du roman

Malraux ne prétend en aucune façon dresser l'histoire du roman, mais parlant de ce genre, il met en lumière quelques points-clés de son évolution. Il existe pour lui une filiation, plus exactement un relais entre le théâtre et le roman : ce dernier, considéré comme un genre vulgaire au temps des Classiques, reçoit ses lettres de noblesse au moment où le genre dramatique décline. Malraux situe cette reconnaissance du roman à l'époque de *Madame Bovary*.

1. Les origines

> On a d'abord nommé romans, les histoires écrites en langue romane pour qu'un lecteur les récitât à un public qui ne savait pas lire. Ce que nous appelons roman n'eût pas été concevable sans la diffusion de la lecture à voix basse[1].

Au cours de cette première approche, Malraux joue sur les deux sens du terme « roman » : récit en vers français contenant des aventures merveilleuses ; œuvre d'imagination en prose présentant dans un milieu des

1. *L'Homme précaire et la littérature*, p. 93.

personnages donnés comme réels. Son originalité réside peut-être dans le fait de souligner l'importance de cette lecture à voix basse, **lecture pour soi**, à travers laquelle l'imagination du lecteur peut se déployer à loisir.

2. Les tentations épiques et mythiques : de Balzac à Hugo

Le roman vient du théâtre — la dialectique entre caractère et personnage le prouvera aisément- ; en revanche, dans sa période ascendante que symbolise le XIXe siècle, il est tenté par une autre forme qui induirait le surnaturel : l'épopée et le mythe. Malraux réserve plus volontiers l'épopée à Hugo — souvenir de *La Légende des siècles* ? —, le mythe à Balzac — dont la stature sculptée par Rodin évoque bien cette dimension. De toutes façons, le réel est écarté. Selon Malraux, l'univers des *Misérables* ne renvoie ni à cette structure fermée qu'est le livre, ni même aux autres romans de Hugo, il se réfère immanquablement à tout Hugo, il est par excellence hugolien, et c'est en sens qu'il atteint la geste épique. Balzac, quant à lui, se tourne vers le mythe. Alors qu'il maintient la filiation entre roman et théâtre, Malraux s'écrie à propos de Balzac : « *Aucun de ses romans n'est un Cid, mais La Comédie humaine l'est certainement. D'abord par son caractère mythique*[1]. » Parodiant la célèbre formule de Balzac, Malraux lance : « *Ce n'est point à l'état-civil que Balzac fait concurrence, c'est à l'Iliade*[2]. » Est-ce à dire que l'œuvre de Balzac serait comme un pari manqué ? Balzac intéresse l'auteur de *La Condition humaine* dans la mesure où il ne fait pas ce qu'il croit faire, dans la mesure où il réalise **la fusion du réel et de l'imaginaire**. C'est curieusement en analysant les tableaux de Georges de La Tour, peintre du XVIIe siècle, qualifié parfois de « réaliste », que Malraux cerne brusquement dans *Les Voix du silence* ce qui pourrait être appelé le paradoxe balzacien : « *Ainsi Balzac trouve-t-il dans le réel les moyens d'expression les plus efficaces de son fantastique.* » Le réalisme ne serait plus reproduction du réel, mais interprétation et dépassement. Moment sans précédent dans le roman : tandis que le monde hugolien renvoie à l'imaginaire personnel du créateur, l'univers de Balzac renvoie à l'imaginaire du roman, avec lequel Balzac ne fait plus qu'un.

---

1. *L'Homme précaire et la littérature*, p. 99.
2. *Ibid.*, p. 106.

Flaubert

Une fois dépassées les tentations de l'épopée et du mythe, que gagne le roman entre les mains de Flaubert ? Il se dépouille et gagne à être lui-même, rien que lui-même. L'illusion d'une prétendue réalité s'effondre : **seul l'art est reconnu comme valeur**. Avant Flaubert, l'artiste se subordonnait au monde ; avec lui, c'est l'artiste qui soumet le monde à sa création. Révolution importante s'il en est : dans ses essais esthétiques, Malraux verra dans ce bouleversement, concrétisé en peinture par Manet, le passage de *L'Irréel* à *L'Intemporel*. Plus que le romancier, Flaubert incarne l'écrivain : celui qui s'entretient avec sa bibliothèque, celui qui fait l'apologie du style. Pour le public français, il représente le digne successeur de Racine « *le créateur d'une forme. Non seulement écriture, mais encore style au sens architectural*[1]. »

1890

Il est symptomatique dans ce survol du roman au XIXe siècle que Malraux abandonne les noms d'auteurs au profit des dates. Zola ne semble jouer qu'un rôle mineur : il fonde un nouvel imaginaire, il écrit « L'Assommoir *contre* Les Misérables[2]. » Cependant, si Malraux soutient qu'en cette fin de siècle, le roman supplante tous les genres, au point de connaître un rayonnement international, cette audience ne provient pas du seul naturalisme*, mais de la découverte de Stendhal, Tolstoï, Dickens.

Par la suite, évitant les ruptures que suggère le changement de siècle, Malraux s'attache à montrer une continuité entre les acquis du roman russe et des formes plus modernes. Dans la préface au livre de Manès Sperber, *Qu'une larme dans l'océan*, il propose cette visée synthétique, qui lui tient à cœur parce qu'il s'y retrouve lui-même : « *De Tolstoï et de Dostoïevski à Proust, à Joyce et à Faulkner, une des profondes coulées du roman occidental est faite d'interrogations du destin.* »

1920

Parmi les souvenirs de jeunesse de Malraux, cette date coïncide avec deux événements : les funérailles nationales d'Anatole France et la reconnaissance du génie de Baudelaire, ce qui semble annoncer la prise de pouvoir de la poésie moderne. Pour le roman, il s'agit plutôt d'un acte de

---

1. *L'Homme précaire et la littérature*, p. 90.
2. *Ibid.*, p. 124.

naissance : « *En tant que domaine capital et international, ce que nous appelons le roman est né alors*[1]. » Au moment où le genre atteint son apogée, l'analyste prend du recul afin d'interpréter cette histoire du roman. Sachant que le romancier se donne pour objectif de connaître l'homme, il a fallu huit à neuf cents ans pour découvrir « *l'être humain comme énigme* ». Quelle sera la vocation du roman moderne ? « *Un affrontement sans précédent avec cette énigme*[2]. » Retrouvant la maîtrise des tragiques grecs, le romancier s'arroge le pouvoir de dialoguer avec le destin. Cette prise de pouvoir du romancier introduit dans cet art une troisième dimension, comparable à la profondeur en peinture.

C. Définitions

Au cours de cette liste, qui ne saurait être exhaustive, seront proposées quelques définitions de termes récurrents chez Malraux, dont certains sont la base de son esthétique.

Romanesque

Terme pris en mauvaise part, qui se réfère aux romans des XVIIe, XVIIIe siècles. Le romanesque relève de deux domaines : le merveilleux et les sentiments.

Intrigue

« *Histoire que semble raconter le roman*[3] », l'intrigue n'intéresse pas Malraux, qui la néglige au profit de l'acte de narration. Il dira dans son étude sur Laclos : « *Toute intrigue est une architecture de mensonges*[4]. »

Mise en scène

Héritier du théâtre, le roman est aussi souvent comparé au cinéma. En 1946, l'*Esquisse d'une psychologie du cinéma* propose cette définition :

> J'appelle mise en scène d'un romancier le choix instinctif ou prémédité des instants auxquels il s'attache et des moyens qu'il emploie pour leur donner une importance particulière.

---

1. *L'Homme précaire et la littérature*, p. 10.
2. *Ibid.*, p. 197.
3. *Ibid.*, p. 141.
4. *Le Triangle noir : Laclos, Goya, Saint-Just*, Gallimard, 1970, p. 26.

Caractère et personnage

Cette distinction est capitale. Le terme de « caractère » provient du théâtre : lorsque Molière peint Harpagon, tout trait est en relation avec la seule passion de l'avarice. « *Le roman appelle caractère un type humain animé par une passion majeure et constante ; un masque de l'âme*[1]. » Malraux porte un jugement négatif sur cette notion : « *Le caractère rétrécit le personnage.* » Face à cette réduction, le personnage, lui, conserve sa part d'énigme. Il est donc normal d'observer l'avènement du personnage à partir de Flaubert, et surtout du roman russe. L'étude sur Laclos fournit une approche claire de cette construction :

> Il y a dans tout personnage significatif au moins trois éléments : d'abord la conception d'un but de l'homme, puis la volonté de l'atteindre, puis la mise en système de cette volonté[2].

Définition qui peut éclairer certaines figures du roman malrucien.

Bibliothèque

Plus qu'une simple accumulation de livres, elle représente l'ensemble des ouvrages qu'un écrivain, non pas possède, mais choisit. Cette bibliothèque lui est spécifique ; sans soustraire l'homme à la réalité, elle le confronte à un microcosme :

> La bibliothèque est semblable au mur égyptien, au rouleau chinois : son système de relations ne coïncide pas avec celui de la réalité, qui est un tout ; mais avec celui d'un fragment de réalité : les mots.

La référence constante à la bibliothèque, dont l'équivalent pour les arts plastiques serait le Musée imaginaire, s'explique par le fait que la Bibliothèque devient le lieu de la confrontation avec le génie, d'où l'écrivain sortira lui-même. Recherchant ce qui a manqué à l'Antiquité pour inventer le roman, Malraux émet cette hypothèse : « *Certainement pas l'imagination : c'est notre bibliothèque*[3]. »

---

1. *L'Homme précaire et la littérature*, p. 130.
2. *Le Triangle noir*, p. 32.
3. *L'Homme précaire et la littérature*, p. 181.

L'imaginaire de roman

Concept difficile, spécifique de Malraux, une des bases de son esthétique. Il fait référence au « *dialogue de l'auteur avec son imagination au moyen de l'écriture*[1]. » Le destin du roman ne se joue pas dans la représentation d'une société donnée, mais dans un dialogue intérieur. L'imaginaire de roman ne préexiste pas au genre ; il est fondé par lui :

> Entre les premiers textes consacrés par le critique à Balzac et son étude de *Madame Bovary*, s'est insensiblement produite une des révolutions de la littérature européenne : [...] tels facteurs de récit, de vérité, de fiction — la durée aidant — sont devenus l'imaginaire de roman[2].

La mise en place de cette notion intéresse, au premier chef, le XIXe siècle. Malraux identifie l'imaginaire du roman avec le règne exclusif de la fiction, moment où le romancier se donne pour mission de faire croire au lecteur à l'existence des personnages. Ce projet esthétique repose sur l'ambiguïté qui consiste à **détourner le réel au profit de l'imaginaire** : « *Le pouvoir de création de l'imagination romanesque ne se confond pas avec le pouvoir de représentation, il le gouverne*[3]. » Le XXe siècle lèvera cette ambiguïté en se livrant à une contestation radicale de la fiction, sous l'effet conjugué des sciences humaines et des moyens audio-visuels.

---

1. *L'Homme précaire et la littérature*, p. 180.
2. *Ibid.*, p. 108.
3. *Ibid.*, p. 149.

MALRAUX ROMANCIER

J'ai poursuivi une sorte de méditation ininterrompue qui a pris des formes successives, dont celle de romans.

(*Le Figaro littéraire*, 23-29 oct. 1967)

I. PRÉSENTATION DES ŒUVRES ROMANESQUES

Les trois premiers romans de Malraux constituent le cycle asiatique : les intrigues se déroulent toutes en Extrême-Orient. *Les Conquérants* et *La Condition humaine* retracent des épisodes révolutionnaires. Vient s'intercaler, en 1935, *Le Temps du mépris*, œuvre reniée par son auteur. Puis la veine politique s'affirme dans sa plus grande amplitude à travers *L'Espoir*, inspiré de la guerre d'Espagne. Au terme de ce parcours romanesque, s'inscrit une œuvre hybride, proche de l'essai : *Les Noyers de l'Altenburg*.

A. *Les Conquérants* (1928)

1. Argument

En 1925, le Kuomintang siège à Canton. Vont s'affronter les Anglais, détenteurs des richesses et du pouvoir et le peuple chinois, réduit à la misère. Les prolétaires chinois vont être soutenus par des aventuriers occidentaux — Rebecci —, et des révolutionnaires venus de l'Internationale communiste — Borodine. L'enjeu des affrontements se trouve être Hong-Kong. Le Kuomintang décrète la libération économique de la Chine. La grève générale est instituée, rejetés les produits britanniques. Garine, commissaire à la propagande, veut faire promulguer une loi qui, en interdisant le port de Canton à tout bateau venant de Hong-Kong, frapperait le colonialisme britannique. Le Kuomintang hésite.

2. Personnages

Malraux oppose d'un côté, les modérés, et de l'autre, les bolcheviks, les aventuriers, les terroristes, les conquérants.

• **Tcheng Daï** : Modéré, il représente l'aile droite du Kuomintang ; soutenu par la bourgeoisie, il incarne la force morale.

• **Borodine** : Bolchevik. Personnage historique — Malraux l'aurait rencontré lors de son bref passage à Canton en août 1925.

• **Rebecci** : Aventurier italien, qui a formé des terroristes chinois.

• **Hong** : Terroriste. Jeune Chinois, fils de Coolie. Il se caractérise par la violence et met son action au service de la haine. Déterminé par l'expérience de la misère, il perpétue une série d'attentats contre le Gouverneur, Tcheng-Daï ; lorsqu'il voudra atteindre les amis de Garine et de Borodine, Garine commandera son exécution.

• **Garine** : Conquérant, fils polyglotte d'un Suisse et d'une Russe, issu de la bourgeoisie. Selon Malraux : « *une création de héros* », selon Trotsky : « second moi de l'auteur ». Commissaire à la propagande, il livre un combat sans merci contre les anglais, les généraux, les clans politiques et sociaux. N'existant que par l'action, il symbolise la conquête de la puissance et de la liberté.

3. Structure et thèmes

Pour ce roman que Malraux qualifie dans sa postface de « *livre d'adolescent* », le récit est mené à la première personne par un narrateur anonyme, délégué du Kuomintang, qui débarque en Indochine, puis en Chine. Malraux adopte la forme du reportage, et se livre à un montage de rapports de police, d'interrogatoires, de messages et de télégrammes.

En avril 1931, Trotsky rendait compte de cet ouvrage dans « La Révolution étranglée », louant ce livre « consacré à la Révolution chinoise, c'est-à-dire au plus grand sujet de ces cinq dernières années. » Malraux devait rendre réponse, en réfutant ce caractère de chronique politique et en plaçant le débat sur un plan éthique*, voire métaphysique* : « *Ce livre est d'abord une accusation de la condition humaine.* » Dans « La Question des *Conquérants* », il démontre comment ce roman provient d'une réflexion sur l'absurde et se veut une méditation sur les exigences spirituelles de l'homme. La dialectique pour lui se noue autour de deux forces : « *les valeurs de considération* » soit les « *valeurs d'ordre ou valeurs de prévoyance* », que veut défendre Tcheng-Daï, et « *une valeur de métamorphose* », qu'exalte Garine.

B. *La Voie royale* (1930)

1. Argument

Parti au Cambodge, Claude Vannec recherche des trésors de l'art khmer dans la région d'Angkor. Il veut retrouver La Voie Royale qui reliait Angkor et les lacs du bassin de la Ménam. Dans cette région touffue, envahie par la forêt tropicale, il souhaite exhumer des ruines de temples enfouis. Grâce à cette expédition, il projette de ramener des sculptures afin de les vendre et réussir à vivre en toute liberté. Sur le bateau qui se dirige vers l'Indochine, il lie connaissance avec un aventurier, Perken. Les deux hommes décident de s'associer, Perken apportant son expérience et sa connaissance du terrain, Claude acceptant de partager les bénéfices. Grâce à cet argent, Perken espère acheter des fusils qui lui sont nécessaires pour pacifier une région qu'il a faite sienne, aux confins du Laos et du Siam. Il a également l'intention de délivrer Grabot, européen disparu chez les Moïs. Les deux aventuriers détachent des sculptures d'un temple, mais dépourvus de guide, ils doivent traverser de sauvages régions pour rejoindre Grabot. Ils le retrouvent aveugle, réduit en esclavage par les Moïs. Sur l'initiative de Perken, Grabot, délivré, est envoyé à Bangkok. Cependant, Perken a été blessé au genou au cours de l'échauffourée avec les Moïs. Soutenu par Claude, il essaie de rejoindre la région qu'il voulait soumettre, mais, son mal empirant, il doit affronter sa propre mort.

2. Personnages

• **Claude** : Intellectuel, passionné d'archéologie, amateur d'art khmer. Volontaire, il est épris de liberté et considère l'art comme un défi de l'homme au temps.

• **Perken** : Véritable aventurier, c'est un homme révolté, fasciné par la mort. Il cherche à définir « *ce que l'homme peut contre la mort.* »

• **Grabot** : Prêt à tous les risques, il a voulu devenir roi d'une tribu indigène. Aveugle, esclave, il incarne l'absurde. N'ayant pas eu le courage de se tuer, il est devenu un « *aventurier-épave* ».

3. Structure et thèmes

Annoncé comme le tome I des *Puissances du désert*, dont la suite ne devait jamais paraître, ce roman est composé de quatre parties. Les obstacles ne cessent de croître, puisque les aventuriers doivent successivement se mesurer à la nature, aux hommes, puis à la maladie. Si la première partie se déroule sur un bateau, les trois autres ont pour toile de fond la forêt.

Ce livre qui renoue avec la tradition du roman d'aventures, fait l'éloge de l'action et de l'insoumission, vertus qu'il oppose à la vieillesse et à la mort.

Ce jeu dialectique se trouve nuancé par l'image de Grabot qui, au sens propre, tourne en rond ; Malraux fait de cette structure circulaire, une image de la condition humaine.

C. *La Condition humaine* (1933)

1. Argument

En 1927, les communistes préparent une insurrection à Shanghai, afin d'améliorer le sort du prolétariat. Les troupes du Kuomintang sous la conduite de Chang-Kai-Shek se dirigent vers la ville. Un jeune terroriste Tchen assassine un trafiquant pour dérober sur lui un billet de livraison d'armes, meurtre inutile puisque celles-ci ne sont pas payées. En détournant des armes destinées au gouvernement, les communistes parviennent à équiper leurs partisans dans la nuit du 21 mars. (I)

Le 22, les révolutionnaires l'emportent, tandis que s'inquiètent la bourgeoisie et les Européens, qui se rangent aux côtés de Chang-Kai-Shek. (II)

Accompagné de Tchen, Kyo, chef des révolutionnaires, rejoint la délégation de l'Internationale à Han-Kéou pour obtenir une rupture avec Chang-Kai-Shek. Le Parti refuse d'intervenir en faveur des révolutionnaires. En conséquence, Tchen se donne pour mission d'éliminer Chang-Kai-Shek. (III)

Après l'échec et la mort de Tchen, Chang ordonne la répression contre les insurgés. (IV)

Faute d'avoir été prévenu par Clappique, Kyo est arrêté. Les forces de Chang maîtrisent la situation. (V)

Kyo se suicide, alors que le communiste Katow, menacé d'une mort horrible, partage entre deux jeunes adeptes son ampoule de cyanure. (VI)

Plusieurs mois après l'écrasement de l'insurrection, le capitaliste Ferral n'est plus en mesure de défendre son Consortium à Paris. Parallèlement à l'effondrement de cet empire financier, le père et la veuve de Kyo se retrouvent au Japon et méditent sur l'avenir. La jeune femme décide de poursuivre la lutte. (VII)

2. Personnages

Comme dans *Les Conquérants*, Malraux évoque une personnalité historique : Chang-Kai-Shek, chef du Kuomintang. La révolution oppose les conservateurs, parmi lesquels se rencontrent de riches chinois et des européens colonialistes, tel Ferral, à la communauté révolutionnaire de Shanghai, qui comprend les figures principales du roman, leur maître à penser — Kyo Gisors —, ainsi que les disciples de Tchen — Souen et Peï.

• **Gisors** : Philosophe français marxiste, ancien professeur de sociologie à l'université de Pékin. Il a un rôle de maître spirituel et de confident.

• **Kyo** : Fils de Gisors et d'une Japonaise. Éduqué par son père, il veut lutter en faveur des classes opprimées. La révolution donne un sens à sa vie.

• **Katow** : D'origine russe. Étudiant en médecine, il a été déporté en Sibérie en 1905 ; par la suite, il est devenu ouvrier. Il a déjà l'expérience de la révolution.

• **Tchen** : Orphelin, il a reçu une éducation chrétienne. A l'université de Pékin, il a été initié au marxisme par Gisors. Terroriste, il se met au service de la révolution.

• **May** : Allemande née à Shanghai, elle reçoit une formation de médecin et épouse Kyo. Membre de la section des femmes révolutionnaires, elle dirige l'hôpital.

• **Ferral** : Président de la Chambre de Commerce à Shanghai et du Consortium franco-asiatique. Célibataire, il cherche à dominer les femmes, en particulier sa maîtresse, Valérie.

• **Clappique** : Figure marginale, il sombre dans l'alcool et le jeu. Auparavant, il était apprécié pour ses connaissances en matière d'art, jugé premier antiquaire de Pékin.

3. Structure et thèmes

La durée totale de l'action s'étend sur vingt-deux jours, le rythme est donc soutenu. Les trois premières parties suivent un mouvement ascendant, tandis que les trois dernières montrent le déclin de la révolution. Au centre, la quatrième partie correspond à l'échec de Tchen et au début des représailles. Alors que Malraux donne à son récit l'apparence d'un reportage, en multipliant les indications de jour et de lieu, dans les parties III et VII, il ménage des pauses : c'est le temps des réflexions et des bilans.

D. *Le Temps du mépris* (1935)

Malraux présente cette œuvre comme une « *nouvelle* », dans laquelle il dénonce le régime nazi. Ayant qualifié ce récit de « *navet* », il interdira qu'il soit réédité de son vivant.

E. *L'Espoir* (1937)

1. Argument

« L'Illusion lyrique » représente la révolte menée par le peuple espagnol en 1936 contre la misère. Dans un premier temps, l'espoir motive les défenseurs de la République, auxquels se sont jointes les brigades internationales. Cependant, si les généraux insurgés sont temporairement vaincus par ce soulèvement spontané

— l'apocalypse révolutionnaire —, Garcia, chef des renseignements militaires, prend conscience que commence véritablement la guerre civile et préconise d' « *organiser l'Apocalypse* » afin de pouvoir affronter les forces franquistes, soutenues par l'Allemagne et l'Italie. (I)
Le débat s'institue entre « *Être et faire* » : pour les anarchistes, il s'agit de défendre l'homme ; aux yeux des communistes, seule l'efficacité compte. Ainsi, Manuel devient un chef, consacrant tous ses efforts à l'action. les combats atteignent progressivement les portes de Madrid. (II)
Au cours de raids aériens, plusieurs aviateurs défendant les droits de la République sont blessés ; s'en suit un long cortège qui descend de la montagne, salué par les paysans, dans la dignité et la fraternité recouvrées. Tandis que l'armée populaire poursuit les fascistes, Manuel joue de l'orgue dans une église abandonnée et pressent que la guerre contre les phalangistes[1] devrait entraîner la possibilité de vaincre. L'homme n'est pas condamné ; la fraternité assurera son salut. (III)

2. Personnages

Dans ce roman, Malraux juxtapose quantité de figures et de points de vue pour rendre compte de la diversité de tout un peuple. Ce sont tantôt des déterminations politiques qui priment, comme pour l'anarchiste Puig ou le communiste Ramos ; tantôt l'idéologie religieuse qui entre en ligne de compte, ainsi pour Ximénès ou Guernico ; tantôt une activité, aussi est-il parlé du vigneron Barca.

• **Manuel** : Militant communiste, il devient responsable militaire. Il affronte le réel pour agir sur lui ; il sera amené à la solitude. Profondément humain, il représente toutes les possibilités d'épanouissement, tant sur le plan de l'art — il est organiste —, que sur le plan de l'affectivité — il aime sa femme avec gravité. A la fin du livre, Malraux inscrit : « *On ne découvre qu'une fois la guerre, mais on découvre plusieurs fois la vie* ».

• **Magnin** : Ingénieur qui s'est engagé dans la lutte antifasciste. Il est commandant d'aviation, remarquable par son sang-froid et le sens de la discipline. Réaliste et conscient de ses responsabilités, il doit lutter contre les forces de la nature et contre la domination des hommes sur les hommes. Il est soucieux de son indépendance.

• **Garcia** : Ethnologue, il est lucide et a une intelligence pratique. Il devient chef des renseignements militaires et prône l'organisation de la révolution. A la question de Scali : « *Qu'est-ce qu'un homme peut faire de mieux de sa vie ?* », il répond :« *Transformer en conscience une expérience aussi large que possible.* »

1. Nom donné aux troupes rebelles et fascistes.

3. Structure et thèmes

A Roger Stéphane, Malraux confiait qu'il aimait trois de ses livres : *La Condition humaine*, *L'Espoir*, les *Antimémoires*. Jean Lacouture précise qu'il plaçait *L'Espoir* au dessus de tout ce qu'il avait écrit. Pourtant ce livre, dont l'intrigue retrace les événements du 18 juillet 1936 au 20 mars 1937, a été écrit assez hâtivement, puisque publié en 1937. Il comporte trois parties disproportionnées, dont la première est de loin la plus longue.

D'entrée de jeu, Malraux, en qualité de combattant des brigades internationales, se place dans le camp républicain. Face à l'oppression fasciste, Garcia soutient : « *Il y a des guerres justes* ». Si les insurgés exigent une reconnaissance de leur dignité, le problème qui va devenir crucial est celui de **l'efficacité**. C'est sur cette question que vont apparaître les divergences. Garcia revendique une action organisée : « *Les nôtres ou Franco — une organisation ou une autre organisation —, pas une organisation contre un désir, un rêve ou une apocalypse.* » A partir de là, les communistes veulent « *faire* » ; à l'opposé, anarchistes et libéraux, qui se retrouvent étrangement, veulent « *être* ». Ce roman d'action conduit à réfléchir sur les moyens de l'action. Reniant l'illusion, Malraux définit l'espoir, non comme une attente, mais comme une mise en œuvre efficace en vue d'un futur.

F. *Les Noyers de l'Altenburg* (1943)

1. Argument

Ce livre présente l'histoire de la famille Berger dans une Alsace qui est, selon les générations, tantôt allemande, tantôt française. Il s'ouvre et se ferme sur l'histoire du fils, narrateur, qui sert dans l'armée française en 1940. Au centre du récit, s'intercale l'histoire du père, servant dans l'armée allemande, pendant la première guerre mondiale, et qui mourra sur le front russe en juin 1915. Au début, le fils est en captivité dans le camp de Chartres, le 21 juin 1940 ; à la fin il participe à une attaque et tombe dans une fosse à chars, il en réchappe miraculeusement. L'histoire du père s'organise autour de trois expériences : le Moyen-Orient, le retour en Europe, l'attaque aux gaz sur la Vistule. D'origine allemande, Vincent Berger a été nommé professeur à l'Université de Constantinople en 1908. Séduit par l'idéologie nationaliste des Jeunes Turcs, il est devenu le conseiller du Général Enver Pacha et souhaite rallier à sa cause les peuples turcs. Devant leur incompréhension, il regagne l'Europe, plein de désillusions. Après une absence de six ans, il fait escale à Marseille, subjugué par la simplicité de la vie quotidienne. De retour à Strasbourg en 1914, il est immédiatement affecté dans une école d'officiers. Ne voulant combattre contre la France, il est envoyé sur le front de l'Est. Chargé d'accompagner le professeur Hofmann, inventeur de gaz de combat, il assiste à un grand mouvement de solidarité entre les troupes allemandes et russes, puis se lance dans la mêlée pour porter secours aux soldats russes, menacés d'asphyxie. Il est lui-même gazé.

2. Personnages

Ce roman est d'abord consacré à la geste de la famille Berger.

• **Dietrich Berger** : Grand-père du Narrateur, « *Burgrave bourgeois et révolté* ». Homme digne, épris de justice, il devient maire de Reichbach. Il se suicide.

• **Walter Berger** : Grand-oncle du Narrateur, ruiné par le suicide de son frère Dietrich. Célèbre professeur d'Histoire, il a fréquenté les plus grands intellectuels du siècle. C'est sur son initiative qu'est organisé en juin 1914 le Colloque de l'Altenburg, en Alsace. Il se veut le défenseur de l'humanisme traditionnel.

• **Vincent Berger** : Père du Narrateur. Universitaire diplômé de langues orientales, professeur de philosophie et homme d'action. Ses Mémoires ont pour titre : *Rencontres avec l'homme*. Avant d'être engagé dans la guerre, il participe au Colloque. C'est juste avant de mourir qu'il pourra donner un sens à la vie.

• **Le Narrateur** : Il se constitue témoin de son temps et mémoire d'une famille. Il stipule dans le camp de Chartres : « *Ici, écrire est la seule façon de continuer à vivre.* » Il se consacre à l'évocation de son père, figure emblématique dont il constitue, au sens classique, le Tombeau. Lorsqu'il est sauvé de la fosse à chars, il retrouve le même regard sur la vie que son père gazé en 1915.

3. Structure et thèmes

A la limite du genre romanesque, *Les Noyers* concentre plusieurs traits d'originalité.

Après *Les Conquérants*, cet ouvrage constitue un retour de Malraux au « *Je.* » Pronom ambigu puisqu'il désigne un personnage inscrit dans une lignée, mais aussi Malraux lui-même, qui portera pendant la guerre le nom de Colonel Berger et qui dans ce texte nourrit environ un quart du récit de sa propre expérience ou de souvenirs personnels : l'Alsace entrevue en 1922 ; la découverte de la Perse et de l'Afghanistan ; les décades de Pontigny transfigurées dans le Colloque ; l'expérience militaire de 1939-

1940... L'autobiographie joue donc ici un rôle important et l'unité de ton de la voix narrative souligne la permanence de la vie.

Sur le plan de la structure, alors que les grandes fresques historiques suivaient le cours des événements, sous la forme de chronique ou reportage, *Les Noyers de l'Altenburg* s'apparente davantage à la composition picturale du triptyque : au centre, l'histoire du Père donne sens et pose les questions essentielles du roman. Les lieux choisis, essentiellement références architecturales, renforcent cette composition tripartite : l'ouverture se déroule dans la cathédrale de Chartres, haut-lieu gothique ; dans le finale, il est fait allusion à l'église de Beaulieu/Dordogne qui possède « *un des plus beaux tympans romans* » ; au centre, se dresse le prieuré historique de l'Altenburg, dont la double vocation, religieuse et culturelle, n'est plus à démontrer. Le temps est donc bouleversé, la partie centrale des *Noyers* étant comme une mise en abyme de l'Histoire.

Troisième spécificité et non des moindres : Malraux, qui était jusqu'ici réputé pour avoir écrit des romans d'aventures ou d'action, ose brusquement paralyser l'intrigue pour rendre compte du Colloque dans sa diversité et sa richesse. Au prieuré de l'Altenburg, se réunissent savants, historiens et philosophes pour méditer sur l'histoire des cultures. A l'origine de cette réflexion menée à la veille de la guerre par des intellectuels : la recherche d'« *une donnée sur quoi puisse se fonder la notion d'homme* ». A la thèse de la culture universelle, soutenue par le Comte Rabaud, l'anthropologue Möllberg apportera un démenti en faisant valoir les cultures fermées et intransmissibles, tandis que Vincent Berger cherchera l'homme fondamental dans la vie. Préfigurant les ouvrages ultérieurs, le romancier devient essayiste : au récit autobiographique, le romancier adjoint le dialogue philosophique.

« Texte-carrefour », *Les Noyers de l'Altenburg* devait constituer le premier volume de *La Lutte avec l'ange*. En 1951, Malraux annonce *La Lutte avec l'ange* en préparation. Un an plus tard, il confie à Claude Mauriac vouloir « *se lancer dans un gros roman, la suite de La Lutte avec l'ange.* » Finalement, le projet ne se concrétisera pas. *Les Noyers* représente en conséquence l'épilogue de l'œuvre romanesque et le prologue de la réflexion esthétique.

II. ÉTUDE LITTÉRAIRE DU ROMAN MALRUCIEN

La production romanesque s'étend dans la vie de Malraux de 1928 à 1943. Précédant cet ensemble, un essai — *La Tentation de l'Occident-* ; après l'expérience-limite que constitue *Les Noyers de l'Altenburg*, une vie consacrée à l'autobiographie et à la méditation sur l'art. Dans les années qui précèdent la seconde guerre mondiale, Malraux publie des articles dans des revues sur des sujets qui traitent de considérations morales ou esthétiques. Parallèlement, il ne cesse de prendre position sur le plan politique. Il soutient les tentatives d'émancipation en Asie ; comme beaucoup d'intellectuels, il pressent le danger que représente la montée du fascisme et souhaiterait voir dans le communisme un projet social au service des peuples. C'est à partir de la guerre d'Espagne qu'il s'engage totalement, implication directe traduite dans *l'Espoir*. Son dernier roman *Les Noyers de l'Altenburg* rendra compte des deux conflits mondiaux qui ont secoué le siècle. D'un livre à l'autre, s'institue une dialectique entre l'expérience vécue et les résonances intérieures qu'elle éveille. Sur le plan de l'esthétique romanesque, Malraux parvient, en une quinzaine d'années, à la maîtrise du genre à travers *La Condition humaine*, salué unanimement par le jury du Goncourt, et à l'éclatement de ce genre dans *Les Noyers de l'Altenburg*, qui relève autant du récit que de l'essai. Carrière brusquée puisque, par la suite, le roman sera définitivement abandonné. Il se peut que cette désaffection corresponde à l'effritement, voire à l'effondrement de deux sources d'inspiration particulièrement vivaces : le rêve oriental et le mythe révolutionnaire.

A. Situation de Malraux dans l'entre-deux-guerres

Avant de parvenir à une analyse de la création romanesque, il importe de préciser la situation de Malraux entre les deux guerres, par rapport aux mouvements et cénacles littéraires, d'une part, par rapport à l'évolution du roman, d'autre part. Comme le laissait entendre Malraux dans un article de juillet 1935 : « *Une œuvre d'art, c'est un objet, mais aussi une rencontre avec le temps*[1]. »

---

1. *In* : *Commune*, Juillet 1935, « L'œuvre d'art », p. 1265.

1. Mouvements et cénacles littéraires

Au sortir de la première guerre mondiale, le mouvement qui cristallise le plus sûrement le désenchantement et le bouleversement des valeurs est Dada. Cependant, la négation absolue du passé littéraire et artistique, que clame ce nouveau nihilisme*, ne saurait convenir à Malraux. S'agissant du Surréalisme, au moment où paraît le premier manifeste de Breton, Malraux est en pleine aventure indochinoise, laquelle durera d'octobre 1923 à janvier 1926. A part dans la veine farfelue qui marque ses premiers écrits, Malraux se sent peu d'affinités avec la recherche de la surréalité. Peu attiré par l'écriture collective, il se défie également de la psychanalyse.

Le second milieu littéraire qui, dans les années 20, peut stimuler les recherches d'un jeune artiste, est représenté par la N.R.F., avec laquelle Malraux commence à collaborer dès 1922. Il y travaillera durant treize ans, multipliant les contacts avec Gide, Valéry, Martin du Gard. La Revue sera pour lui l'occasion de nouer maints dialogues et de réfléchir à une théorie de la littérature — il songera par exemple à établir un « Tableau de la littérature française », avec l'aide d'amis et connaissances. Sur le plan des idées, il prendra ses distances par rapport au cénacle, regrettant que tant d'importance fût accordée, sous l'influence de Gide, à l'exaltation de la différence et à la perfection de la forme, et que l'Histoire par ailleurs fût singulièrement absente.

2. Évolution du roman

Concernant le roman, deux influences vont s'interpénétrer : l'évolution du roman français et le rayonnement des romans étrangers à partir des traductions.

Le roman français

Entre 1918 et 1939, la première génération est représentée par Proust et Gide, génération fascinée par l'introspection et l'esprit analytique. Au lendemain de la guerre, la grande figure du roman qui s'impose, c'est celle de Proust avec la publication du *Temps retrouvé*. Malraux dira : « *Il n'y en avait que pour Proust* ». Vérité, mais sans doute agacement car, en 1945, évoquant *La Recherche du Temps perdu*, il parlera à Roger Stéphane de « *la construction d'un monument absurde dans un univers dérisoire*[1]. » En

1. Cité par R. Stéphane, *André Malraux, premier dans le siècle*, p. 60.

fait, les deux univers romanesques se construisent aux antipodes l'un de l'autre : le premier centre tout sur l'individu, le second sur l'homme dans le monde ; le premier affronte le Temps, le second capte l'instant. A l'égard de Gide, Malraux fait preuve de considération et de respect. Tous deux nourrissent une même admiration pour Dostoïevski. En 1925, Gide publie *Les Faux-monnayeurs*, construction savante élaborée à partir d'une mise en abyme. Mais Malraux verra dans cette génération des années 20 un attachement sans borne à l'individualisme bourgeois et il sera un des premiers à déceler la crise occidentale de cette idéologie. Ne déclare-t-il pas à Jean Lacouture « *Nous naissions au cœur de l'histoire qui a traversé notre champ comme un char*[1] » ?

A partir de 1930, sous l'influence de la crise économique et de la montée du nazisme, les écrivains vont se sentir impliqués dans l'Histoire. Une seconde génération de romanciers, représentée par Bernanos, Aragon, Céline va s'efforcer de situer l'homme dans le monde sur le plan idéologique. Malraux préfacera deux ouvrages de Bernanos : *L'Imposture*, paru en 1928, et *Le Journal d'un curé de campagne*, publié en 1936. Si cet univers romanesque se caractérise surtout par l'intervention des forces surnaturelles dans l'existence et la lutte contre le Mal, Malraux retiendra l'implication du destin dans la trajectoire des personnages et tout un ensemble de techniques romanesques — dialogues, sensations, gestes, bribes de monologue intérieur — qui plongent le lecteur au cœur de l'action. Désormais, les romanciers semblent s'interroger sur l'absurdité de l'existence, la contingence* de l'homme et la servitude de sa condition. Chez Malraux, la double tension politique et métaphysique* va rapidement fusionner pour donner une composition dense à forte teneur idéologique.

Les romans étrangers

C'est par le biais des publications en France et surtout des traductions que peuvent se mesurer les influences qu'exerce la littérature étrangère dans l'entre-deux-guerres. Roman russe d'abord : celui-ci continue de se faire connaître grâce aux traductions — *Les Possédés* de Dostoïevski sont traduits en 1922. Roman anglo-saxon surtout : avant 1930, le roman d'aventures gagne ses lettres de noblesse avec Conrad, dont la traduction de *Cœur de ténèbres* parue en 1924 déterminera l'écriture des premiers récits

1. Cité par J. Lacouture, *André Malraux, une vie dans le siècle*, p. 15.

malruciens ; après 1930, Malraux préfacera *L'Amant de Lady Chatterley*, de D. H. Lawrence, traduit en 1932 et *Sanctuaire* de Faulkner, traduit l'année suivante. Stimulés par cette diversité d'approches, les romanciers sont amenés à renouveler leur technique d'écriture, en développant le monologue intérieur et le point de vue. Outre la maîtrise des procédés narratifs, le roman conquiert une amplitude qu'il n'avait pas atteinte jusque-là : comme la poésie, il s'octroie les domaines du fantastique et de l'onirique* ; à l'image de l'essai, il prétend à une dimension historique et philosophique. Il devient le genre majeur, conjuguant la réflexion sociale et politique et une méditation sur les valeurs. Au cœur des bouleversements internationaux, malgré les tensions et les crises, et peut-être miroir de celles-ci, les romanciers cherchent comment rendre à l'homme une vision cohérente de son destin.

Le roman malrucien prendra place dans cette période éminemment troublée, faisant preuve de modernité tant par les sujets abordés — colonialisme, communisme, fascisme —, que par une esthétique de la discontinuité.

B. Les composantes du roman malrucien

Comme tout romancier, Malraux articule son œuvre sur deux données fondamentales : le cadre spatio-temporel et les personnages. Quel usage fait-il de ces éléments pour composer un roman de la modernité ?

1. Le cadre spatio-temporel

Même si les informations qui permettent de situer l'action ne sont pas toujours décisives, elles se révèlent chez Malraux souvent récurrentes, donc signifiantes. Dans quelle mesure ces bases de la narration infléchissent-elles l'interprétation du récit ?

Les lieux

Une première manière d'aborder l'espace serait de recenser les pays retenus pour les différentes intrigues. Au premier chef, l'Asie est au centre des trois premiers romans : Malraux décrira successivement Saigon dans *Les Conquérants*, la jungle cambodgienne dans *La Voie royale* et Shanghai à travers *La Condition humaine*. La prédilection pour l'Asie peut s'entendre pour des raisons liées à l'intrigue : les temples khmers qui jalonnent la Voie royale ont de quoi faire rêver tout lecteur de 1930. Outre la rêverie sur l'ailleurs et l'exotisme, **l'Orient fascine Malraux sur le plan politique** : les soubresauts révolutionnaires peuvent alimenter une réflexion sur le colonialisme et l'impérialisme. A mesure que Malraux produit des romans, l'action se rapproche de la France, jusqu'à la mettre directement en scène : en 1938, c'est d'abord l'Espagne à travers les reportages en direct de *L'Espoir* ; en 1943, *Les Noyers de l'Altenburg* s'ancre dans le territoire ancestral de l'Alsace, qui est considéré tantôt français, tantôt allemand.

Réflexion sur les lieux encore, dans le partage entre la nature et les villes. Peu de place est accordé à la description de la nature dans toutes ces intrigues. Deux exceptions s'imposent cependant. La forêt dans laquelle se déroule le roman d'aventures est une forêt impressionnante par ses dimensions, menaçante quant à la faune qui l'habite :

> L'unité de la forêt, maintenant s'imposait ; depuis six jours Claude avait renoncé à séparer les êtres des formes, la vie qui bouge de la vie qui suinte ; une puissance inconnue liait aux arbres les fongosités, faisait grouiller toutes ces choses provisoires sur un sol semblable à l'écume des marais, dans ces bois fumants de commencement du monde[1].

En revanche, les arbres séculaires — les noyers — qui donnent au dernier roman son titre suscitent une méditation sur l'éternité de la nature :

> La plénitude des arbres séculaires émanait de leur masse, mais l'effort par quoi sortaient de leurs énormes troncs les branches tordues, l'épanouissement en feuilles sombres de ce bois, si vieux et si lourd qu'il semblait s'enfoncer dans la terre et non s'en arracher, imposaient à la fois l'idée d'une volonté et d'une métamorphose sans fin[2].

Par ailleurs, le cadre est essentiellement urbain, les révolutions se faisant plutôt aujourd'hui dans les villes. Allers et retours qui sillonnent la ville dans *Les Conquérants*, au gré des visites que doit effectuer le Narrateur ; atmosphère de brume dans Shanghai le soir de la tentative d'assassinat de Chang-Kai-Shek par Tchen ; horreur de Madrid incendié sous les bombes des franquistes. La ville est vécue tour à tour comme labyrinthe, lieu où les repères s'effacent, comme scène tragique que dominent le rouge et le noir, comme irréel décor dominé par les enseignes lumineuses et d'indéchiffrables caractères :

---

1. *La Voie royale*, Livre de Poche, 1992, p. 66.
2. *Les Noyers de l'Altenburg*, p. 693.

> Tchen regardait toutes ces ombres qui coulaient sans bruit vers le fleuve, d'un mouvement inexplicable et constant ; n'était-ce pas le Destin même, cette force qui les poussait vers le fond de l'avenue où l'arc allumé d'enseignes à peine visibles devant les ténèbres du fleuve semblaient les portes mêmes de la mort ? Enfoncés en perspectives troubles, les énormes caractères se perdaient dans ce monde tragique et flou comme dans les siècles[1].

Le traitement des lieux conduit le plus souvent à opposer le fini et l'infini, la clôture et l'ouverture. Chez Malraux, l'espace clos est rapidement associé à l'idée de piège : peuvent être cités dans *L'Espoir* l'auto puis le camion de Puig où ce dernier trouvera la mort ; les avions lorsqu'ils sont poursuivis et touchés par les avions de chasse ennemis ; les tanks qui interviennent dans les combats ; et à la fin des *Noyers*, le tank du Narrateur dont celui-ci sortira finalement vivant ; en bref, les engins motorisés utilisés dans la guerre moderne. Pour *La Condition humaine*, peuvent être mis sur un même plan des lieux où les hommes sont rassemblés et dont le destin se joue en dehors de leur propre force ou volonté : le train blindé (II. 5), la prison (VI.1) et le préau de la scène finale (VI.3). Ces espaces fermés sont en général plus grands que les précédents, mais plus angoissants parce que les hommes attendent sans pouvoir agir. A l'opposé, l'immensité ou l'infini sont également présents, peut-être davantage au début des romans : ainsi, les deux premiers récits s'ouvrent sur un voyage en bateau, l'étendue de la mer étant largement suggérée. De même, le ciel symbolise la liberté ; les nombreuses scènes de vol qui émaillent *L'Espoir* ne sont pas sans rappeler l'exaltation de Saint-Exupéry pour cette manière de découvrir le monde sans limite ni frontière. Il n'est pas rare, en outre, que les scènes épiques s'achèvent par un regard sur les sphères célestes, comme si le romancier voulait ramener à leurs justes proportions les conflits humains, technique fréquente chez Homère et Tolstoï.

Le temps

Cette notion s'avère plus décisive que la précédente pour caractériser l'univers construit par Malraux. Le temps sera envisagé en tant qu'époque, en tant qu'élément de la fiction, et à travers le traitement des générations.

---

1. *La Condition humaine*, Livre de Poche, 1954, p. 196.

La notion d'époque

Sans écrire véritablement des romans historiques, il est certain que Malraux ancre chacune de ses intrigues dans une temporalité qui est datée. C'est sans doute le roman d'aventures qui fait le plus allusion à un monde qui est détaché du XXe siècle, soit que le temps objectif ne soit pas pris en compte, chez les tribus moïs par exemple, soit que le romancier se réfère à d'autres civilisations, l'art khmer entre autres. Dans tous les autres récits, est présente, et souvent au premier plan, la trame politique de ce siècle. Qu'il s'agisse de la révolution chinoise des années 20, de la guerre d'Espagne ou des deux guerres mondiales, Malraux choisit l'actualité, qui fait écho pour lui au vécu. Plutôt qu'à un travail d'historien, il se livre à une activité de reportage, allant parfois jusqu'à dater les événements à la manière d'un journaliste.

Structure et temporalité

A partir de cet ancrage historique, la fiction va s'organiser diversement. Il est facile de repérer des déroulements qui se veulent à dominante chronologique. Naturellement, *La Voie royale* est soutenu par une temporalité orientée, puisqu'il est question d'une quête. Les deux grands livres sur la révolution qui se présentent comme des chroniques suivent également le temps. Dans *La Condition humaine*, l'insurrection dure du 21 mars au 12 avril 1927, crise de vingt-deux jours qui ressemble à une convulsion. Là, ni anticipation, ni retour en arrière. Pour *L'Espoir*, Malraux s'accorde huit mois, du 18 juillet 1936 au 20 mars 1937, durée plus longue, mais quand l'intrigue s'achève, la guerre d'Espagne n'est pas finie. Malraux ne rend pas compte de la totalité des faits, mais en qualité d'artiste, il choisit un moment signifiant. Il est des structures plus complexes qui vont bouleverser la chronologie. Le narrateur des *Conquérants* présente personnages et actions à partir d'une série de documents, selon la technique du flash-back : toute la première partie du livre est tournée vers le passé, comme s'il s'agissait de repérer les fondements de la révolution. La composition la plus savante est celle des *Noyers de l'Altenburg*. Cette fois, il va y avoir imbrication entre l'histoire du père et celle du fils. Malraux refuse de construire le fils comme un relais du père. Le livre s'ouvre et se ferme sur la voix du fils, narrateur en quête, non tant d'une identité comme Perken, mais d'une vérité, d'une vérité sur l'homme. Il faut qu'il effectue cet apparent détour par l'histoire du père pour accéder à sa vérité propre ; le lecteur a même l'impression que le père n'a pas eu le temps de formuler cette vérité, et que c'est le fils qui est chargé de la mettre au monde, de la révéler aux hommes. Structure originale donc, mais qui ne relève pas de la virtuosité ; structure signifiante parce que c'est le fils qui exhume cette vérité qui menaçait d'être perdue. Alors que les fresques révolutionnaires se tournaient vers l'avenir, le dernier roman s'abîme dans le temps ; ce qui était tension vers le futur devient engloutissement dans les profondeurs. Par deux fois, la présence d'un Narrateur coïncide avec la rupture de l'ordre chronologique : double du romancier, en organisant la narration, il se rend maître du temps.

Le rythme de narration

Si le respect ou la transgression de la succession des événements n'est pas un critère infaillible pour reconnaître un roman de Malraux, il semble que **le rythme de narration** en soit un. Même *Les Noyers* qui auraient pu devenir une saga familiale ne tisse en fait qu'une temporalité trouée : tout ne sera jamais dit, ni du père, ni du fils. Ne pouvant s'installer dans la durée, Malraux est un écrivain de l'instant, de la juxtaposition d'instants. D'où un roman d'action par excellence, une succession d'événements qui laisse le lecteur abasourdi. A titre d'exemple, la première partie de « L'Illusion lyrique » qui ouvre *L'Espoir* se situe à Madrid dans la nuit du 18 au 19 juillet, à Barcelone le 19, à Madrid les 20 et 21 juillet. Rythme trépidant s'il en est, qui va encore se démultiplier par la simultanéité. La seule journée du 11 avril va occuper toute la quatrième partie de *La Condition humaine* et les trois premiers chapitres de la cinquième. Cette écriture fondée sur l'instant pose dès lors un délicat problème : de même qu'en musique, le compositeur ne peut enchaîner à l'infini des mouvements vifs, sous peine de lasser l'oreille, de même le romancier va devoir faire des pauses, ne serait-ce que pour donner toute sa vigueur à la prochaine attaque. C'est dans *L'Espoir* que Malraux jouera le plus habilement de la discussion comme relâche de l'action. Ces discussions peuvent être directement liées à l'intrigue. Ainsi, dans la première partie, le vieux vigneron Barca explique à Manuel le sens de son engagement (III.1) ; Garcia, lui, expose à Magnin la véritable amplitude de la guerre (III.3). Les entretiens peuvent être détachés du contexte immédiat ; par là, ils s'élèvent à une certaine hauteur philosophique. Au cours de la seconde partie, l'écrivain catholique Guernico confie à Garcia sa conception de la foi et du rôle de l'église en Espagne (I.6) ; au chapitre suivant, Scali s'entretient avec le vieux professeur Alvear sur les bases de l'humanisme et la grandeur de l'art. La nécessité de varier le rythme de narration conduit Malraux à équilibrer la dynamique de l'action et le caractère statique de la méditation. Plus subtilement, il pourra jouer sur une action lente — l'engagement des hostilités avec les Moïs dans *La Voie royale*, l'attaque aux gaz de Bulgako dans *Les Noyers* — et inversement dramatiser un échange verbal — face à Manuel désemparé, s'opposent brutalement les points de vue de Ximénès et du général Heinrich (II.2.16). Ces réflexions sur des sujets qui dépassent largement l'intrigue font songer à certaines conversations que tiennent des personnages de Proust ou de Thomas Mann, romanciers qui ont su donner à leur œuvre une dimension esthétique et métaphysique.

Les moments privilégiés

Une autre façon de mettre en évidence la temporalité consiste à jouer sur les saisons et sur les heures. Bien que certaines soient tout à fait significatives — il n'est pas innocent que *La Condition humaine* commence le 21 mars et que *L'Espoir* s'achève le 20 mars —, Malraux est plus peintre d'atmosphère que peintre des saisons. A l'image d'un poète, Malraux témoigne d'une extrême sensibilité à l'alternance entre le jour et la nuit. Pour lui qui a longuement réfléchi sur les arts visuels, cette opposition peut entrer en concordance avec l'univers pictural et cinématographique. En tant qu'esthéticien, il aimera le clair-obscur de Vinci, l'ombre métaphysique de Rembrandt, l'éclairage de Goya. De la même façon, il va devenir dans *La Condition humaine* poète de la nuit, il lui consacre les deux tiers du roman. En contraste, le registre diurne est réservé aux actions ouvertes et constructives, par exemple la journée du 22 mars, dans laquelle se perçoit la grandeur épique. Par ce qu'elle impose à l'homme de solitude, la nuit se trouve associée au tragique ou à une conscience réflexive, ce qui permet à Malraux de juxtaposer l'ordre cosmique, intemporel, et l'ordre humain, soumis à l'Histoire.

La juxtaposition des générations

Un dernier phénomène sera examiné : **la notion de génération**. Ce thème va prendre une importance croissante dans les trois derniers romans, et ce n'est peut-être pas une pure coïncidence, s'il apparaît pour la première fois dans *La Condition humaine*, en 1933, année de naissance de Florence

Malraux. A deux reprises, le romancier met en scène père et fils : Gisors et Kyo Gisors ; Alvear et Jaime Alvear. Paternité blessée, comme le sera celle de Malraux qui perdra ses deux fils : Kyo se suicide ; Jaime devient aveugle. Dans le dernier roman, le système se complique encore : ce sont trois générations qui entrent en dialogue par la mémoire du Narrateur : le grand-père Dietrich Berger, le père Vincent et le fils qui témoigne. A la différence des livres précédents, la confrontation n'a pas lieu dans la vie mais dans le souvenir, voire l'imaginaire, comme si le narrateur dialoguait avec des parties de lui-même. Il s'entretient avec des morts auxquels il prête vie ; ces instances antérieures, que représentent père et grand-père ont donc un rôle d'initiateurs. La relation entre les générations s'inscrit dans un double mouvement de différence et d'identité. Certes, les fils, Kyo et Jaime, se définissent dans l'action, tandis que les pères, Gisors et Alvear, se réfugient dans la contemplation ou la méditation. Mais cette dichotomie* peut tout aussi bien s'inverser : dans *Les Noyers*, c'est Vincent, l'homme d'action, cependant que le fils trouve la justification de vivre dans l'écriture. En réalité, Malraux ne cherche pas à creuser les différences pour montrer l'écoulement du temps et l'incommunicabilité ; son projet serait bien plus de mettre à jour cet homme fondamental que le Colloque de l'Altenburg essaie de capter. D'une génération à l'autre, d'une figure à l'autre, c'est une image de l'homme qui à la fois se perpétue et se métamorphose.

Des deux notions qui servent à mettre en place le cadre romanesque, il semble que le temps soit beaucoup plus important que les lieux. Les notations spatiales favorisent soit un ancrage dans la réalité, lorsque le roman se présente sous forme de document ou de chronique, soit une rêverie de l'imaginaire, lorsqu'il se tourne vers l'aventure. Les marques temporelles peuvent également valider le flux historique des événements, mais leur valeur peut se charger de sens ou soutenir une forme. Promouvoir une signification, quand il s'agit de se prononcer sur l'état d'un pays à une époque donnée ; définir un style, quand se mettent en place des notions de rythme et de composition.

2. Les personnages

Une fois posé le cadre du roman, les personnages vont donner vie à l'action. Quel est le statut du personnage ? Première évolution : à l'époque de Balzac, il était encore concevable de parler de caractères, selon l'héritage de la tradition théâtrale ; au XXe siècle, il ne peut être question que de personnages, c'est-à-dire que le romancier a décapé en eux tout ce qui pouvait être pittoresque ou anecdotique. Seconde transformation : dominé par l'essor de la bourgeoisie, le XIXe siècle avait exalté l'individu, reconnaissable à un ensemble de traits que Robbe-Grillet a répertoriés dans ses études sur le nouveau roman ; dès 1930, le personnage est tout au plus une présence. Il se manifeste dans le monde par son comportement et se définit par son attitude fondamentale à l'égard de la vie.

Comment Malraux traite-t-il ses personnages ? En tant que lecteur, il réagit mal face aux longues descriptions balzaciennes. Il confie à Gaëtan Picon : « *Plus Balzac décrit un visage, moins je le vois*[1]. A l'étape du manuscrit, Malraux n'imagine pas ses personnages : il conçoit des scènes traversées par des rapports de force ; ce n'est qu'après coup que le personnage est identifié et son portrait travaillé. De par ses goûts personnels et sa technique de romancier, il est clair que Malraux ne se perdra pas en détails dans une description statique. A la manière des romanciers russes, il va prêter à une figure un trait spécifique et récurrent qui permet de la reconnaître. L'esquisse est brève, faisant songer au coup de crayon d'un Daumier. Voici le portrait de Ximénès dans *L'Espoir* :

> Il était tête nue, ses cheveux blancs tondus ressemblaient au duvet des canards dont ses hommes lui donnaient le nom à cause de ses petits yeux très noirs et de son nez en spatule[2].

Au lieu d'être visuelle, la caractérisation peut être auditive : bien des personnages ont une manière de parler qui leur est propre. *La Condition humaine,* dont l'argument est né de l'expérience d'un homme qui ne reconnaît pas sa voix, multiplie ces voix singulières, depuis Tchen qui semble rajouter des *g* à la fin de certains mots, comme « *bong* », jusqu'à Katow dont l'accent russe est traduit par une constante élision, « *Com'té central* ». A partir de cette touche, le personnage se fixe dans l'imaginaire du lecteur et pourra être ultérieurement reconnu. Économie de moyens donc, technique au service de la dynamique du récit.

Outre le traitement du personnage, seront étudiés les types de personnages mis en scène, quelques figures symboles d'une idéologie, ainsi que le rôle dévolu aux femmes.

---

1. G. Picon, *André Malraux*, p. 62.
2. *L'Espoir in* : *Œuvres complètes*, II, Gallimard, La Pléiade, 1996, p. 26.

Les types de personnages

Parmi les types, trois compositions seront retenues : **le héros, l'anti-héros et le personnage**. Comme Stendhal, Malraux est un romancier qui croit au héros, qui l'exalte, peut-être parce qu'il s'y projette idéalement. La biographie de Jean Lacouture montre à quel point dans la vie Malraux s'est rêvé héros et les *Antimémoires* témoignent du nombre d'hommes célèbres qu'il a rencontrés ou fréquentés. La postface des *Conquérants* propose une définition de ce « *type de héros en qui s'unissent l'aptitude à l'action, la culture et la lucidité*[1] ». Cette tension héroïque est bien évidemment perceptible dans la création romanesque, et de l'aveu même de l'auteur, c'est Garine qui incarne au mieux cet idéal. A son sujet, Malraux parle d' « *une création de héros* ». Alors que Borodine est un personnage donné par l'Histoire, Garine est créé de toutes pièces par le romancier. Il lui accorde une longue description physique, une identité précise et une énergie vitale : « *le besoin de puissance*[2] ». Devenu commissaire à la propagande, Garine représente l'homme de pouvoir, indifférent à la morale, qui s'investit totalement dans l'action. Cependant, Malraux nuance cette composition d'ambitieux triomphant par deux expériences qui encadrent sa vie d'homme politique : avant son ascension, le procès qui lui a été intenté ; après, la maladie, qui vient ruiner ses forces. Ainsi, même le conquérant ne saurait triompher de l'absurde.

A la différence de Flaubert, Malraux ne saurait se complaire à produire avec génie des anti-héros : les Bouvard et Pécuchet ne le tentent pas. C'est plutôt de Dostoïevski qu'il va hériter un attachement, une tendresse pour une certaine catégorie d'anti-héros : les humiliés. Deux figures de *La Condition humaine* pourraient être représentatives de l'homme broyé par l'Histoire : König et Hemmelrich. Le premier est chef de la section spéciale de police. Torturé en Sibérie par les Rouges, il a pleuré. Il garde de cette épreuve un tel ressentiment qu'il se déteste autant qu'il méprise les autres. Le second est présenté, flanqué de sa femme vendue douze dollars et d'un « *gosse* » qui souffre. Une brève rétrospective ébauche la trajectoire d'Hemmelrich :

> Mauvais élève à l'école : absent un jour sur deux — sa mère, pour se saouler tranquille, lui faisait faire son travail. L'usine :

1. *Les Conquérants*, Livre de poche, 1979, p. 286.
2. *Ibid.*, p. 69.

> manœuvre. Mauvais esprit : au régiment, toujours en tôle. Et la guerre. Gazé. Pour qui, pour quoi ? Pour son pays ? il n'était pas Belge, il était misérable[1].

Après la mort de Tchen, il découvrira son fils et sa femme massacrés. A la fin du roman, il part travailler en U.R.S.S. Son existence tout entière semble marquée par le déterminisme social qui avait tant intéressé les naturalistes.

Ni héros, ni anti-héros, certains personnages demeurent inclassables. Seront esquissées ici deux figures qui mettent en jeu l'ironie et le destin. Clappique, tout d'abord, est un personnage à part, marginal, une création singulière, comme peut l'être le baron de Charlus dans *La Recherche du temps perdu*. Le manuscrit de *La Condition humaine* faisait de Clappique un peintre comme Kama, un peintre qui a renoncé à faire des tableaux. Il était donc le double négatif du créateur, celui qui est marqué par l'impuissance. Dans la version définitive, il garde de cette aura originelle, la sûreté de l'amateur d'art : c'est le premier antiquaire de Pékin. Comme s'il se souvenait de ses premiers écrits dans la veine farfelue, Malraux va prêter à son personnage des tics de physionomie et de langage, des glapissements, le martèlement de certains mots, des gestes saccadés, tout un comportement qui trahit la dissonance. Cette inspiration sarcastique se retrouve chez un des participants au colloque de l'Altenburg : Möllberg. La présentation s'effectue sous le signe de la dérision : par son vêtement, il a une allure martiale, mais Malraux ajoute malicieusement qu'avec ses oreilles pointues, il ressemble aux vampires des contes d'enfants. La synthèse sera étrange : « *ressemblait à la fois à quelque colonel et à son monstre Hilaroblique tout habillé de neuf*[2] ». Considéré comme un éminent ethnologue, Möllberg est aussi esthète et sculpteur. A l'instar de Clappique, il hérite de dispositions artistiques et en même temps, il les renie puisque son docte ouvrage — *La Civilisation comme conquête et comme destin* — finira sa carrière, pendu aux branches des arbres, aux confins de l'Afrique. Clappique, Möllberg… deux figures créatrices tournées en dérision. C'est peut-être à travers ces figures de la marginalité que s'exprime le mieux la diversité du génie de Malraux.

1. *La Condition humaine*, p. 153.
2. *Les Noyers de l'Altenburg*, p. 681.

Les figures, symboles d'une idéologie

Dans les grands récits, Malraux va associer certains personnages à un point de vue, le plus souvent politique, parfois religieux, afin de soutenir la passion des débats d'idées et de faciliter les repérages du lecteur. C'est ainsi que, dans *L'Espoir,* Puig représente l'anarchie, Ximénès la foi catholique, Ramos le communisme. Cependant, cette répartition des forces antagonistes pourrait rapidement conduire à une vision manichéenne* ou monolithique. Il faudra tout le travail du romancier pour que le personnage ne soit pas seulement porte-parole. Deux études seront ici menées pour montrer comment Malraux allie le personnage et l'idée abstraite. Tantôt, à partir d'un héros, il s'élève à la création d'une figure symbolique, ainsi il va de Garine à l'entité du Conquérant ; tantôt, inversement, un même concept, le terrorisme par exemple, pourra donner des incarnations très différentes : Hong et Tchen.

Dans un premier temps, **le héros devient symbole**. Il est clair que le romancier grandit Garine, jusqu'à lui donner une envergure, capable de rivaliser avec la stature de Borodine. A travers Garine, Malraux est en train de sculpter l'effigie du Conquérant, qui lui tient aussi à cœur que celle de l'Aventurier. Une petite phrase initiale annonce le thème : « *Ce n'est pas tant l'âme qui fait le chef que la conquête*[1]. » Thème qui sera repris à la fin du roman, au cours d'une conversation :

> Si les communistes du type romain, si j'ose dire, ceux qui défendent à Moscou les acquisitions de la Révolution ne veulent pas accepter les révolutionnaires du type… comment dirai-je du type : conquérant qui sont en train de leur donner la Chine[2].

Face aux communistes, le conquérant est un personnage solitaire, déterminé par une passion intérieure qui le fait agir. Il est peu enclin à se soumettre à une hiérarchie, voire à une organisation d'ensemble.

Seconde démarche : une même idée abstraite peut susciter **des incarnations différentes**. Traitant à plusieurs reprises des événements révolutionnaires, Malraux est amené à brosser des portraits de terroristes : ainsi, Hong dans *Les Conquérants*, Tchen dans *La Condition humaine*, Le Négus et Puig dans *L'Espoir*. Confrontés à diverses épreuves métaphysiques*, telles que la solitude, la douleur et la mort, la plupart

1. *Les Conquérants*, p. 69.
2. *Ibid.*, p. 261.

d'entre eux se révoltent pour être finalement anéantis par la révolution. Par-delà ces similitudes, Malraux s'attache à une particularisation. S'il tisse un réseau de ressemblances entre Hong et Tchen — Hong a été formé par Rebecci, comme Tchen l'a été par Gisors ; tous deux ont un fort accent et une manière particulière de parler ; l'un et l'autre feront preuve de détermination dans l'action —, le romancier s'exerce à donner une pluralité d'approches du terroriste. Pour Hong qui n'a jamais connu que la misère et l'oppression, la motivation est la haine : « *Dans l'ensemble extrêmement trouble de ses sentiments, la haine met un ordre sauvage, brutal, et prend le caractère d'un devoir*[1]. » Cependant, Malraux nuancera ce caractère primaire, en affirmant dans la postface des *Conquérants*, que loin de représenter le prolétariat, Hong symbolise l'anarchie et que « *son but est éthique, non politique — et sans espoir.* » Cette dimension éthique* sera plus présente dans le portrait de Tchen qui, dès la première scène du récit, hésite à tuer un homme endormi. Terroriste métaphysicien, Tchen s'élèvera jusqu'à la mystique lorsqu'il s'élancera sous la voiture de Chang-Kai-Shek. De livre en livre, il serait donc possible de repérer comme des familles de personnages : les conquérants, les aventuriers, les terroristes…

Les femmes

Roman d'aventure, roman d'action, le roman malrucien se prête peu à la description des femmes, surtout de la femme telle qu'elle pouvait être perçue dans la société de 1930. Sur cette quasi-absence du féminin, Malraux s'explique dans un entretien donné à « L'Événement » en août 1967 : « *Le sujet de mes livres ne se prêtait peut-être pas à une présence féminine. Je pense à L'Espoir.* » Il précise un peu plus loin à E. d'Astier de la Vigerie : « *Je peux répondre que la femme est pour moi un être si différent — je parle de différence, non d'infériorité — que je n'arrive pas à imaginer un personnage féminin.* » La présence de la femme se trouve suggérée de trois manières : par une figure, à l'intérieur d'un groupe ou véritablement avec un statut de personnage.

La figure est par essence fugitive. C'est le cas de la petite milicienne entrevue dans *L'Espoir* ; c'est le cas de la femme de Klein dans *Les Conquérants*. Cette dernière n'a pas de nom ; elle apparaît pour rendre hommage à son mari qui a été torturé et mis à mort, et dans sa dignité elle

1. *Les Conquérants*, p. 180.

semble concentrer en elle toutes les douleurs de l'humanité, comme une Pieta de Michel-Ange :

> D'un seul coup, elle tombe sur les genoux. Elle ne prie pas. Elle est accrochée au corps par ses mains aux doigts écartés, encastrés dans les flancs. On dirait qu'elle s'est agenouillée devant les tortures que représentent toutes ces plaies et cette bouche qu'elle regarde, ouverte jusqu'au menton par un sabre ou un rasoir[1].

Au lieu de dégager une figure, le romancier peut faire allusion à tout un groupe : ainsi les prostituées dont il est surtout parlé dans le cycle asiatique ; ainsi les paysannes qui se rassemblent dans *L'Espoir* pour saluer le cortège des aviateurs qui descend de Valdélinarès (III.3). A travers ces communautés, la femme est appréhendée soit dans la relation au plaisir et à l'érotisme, soit en tant que mère, présence consolatrice.

Il arrive que la femme accède au statut de personnage, c'est surtout vrai dans *La Condition humaine*, d'où se détachent Valérie et May. La première est la maîtresse de Ferral. Celui-ci cherche à assouvir sa volonté de puissance sur les femmes, à posséder à travers elles « *la seule chose dont il fût avide, lui-même* ». C'est pourquoi il rallume la lumière pour capter la jouissance sur le visage de Valérie, mais sa maîtresse le ridiculisera par une lettre et Ferral se vengera en remplissant sa chambre d'oiseaux (IV.5). Le seul portrait féminin qui soit travaillé demeure celui de May, compagne de Kyo et femme libérée puisqu'elle travaille à l'hôpital en tant que médecin. Dans la première partie, May avoue avoir eu des relations avec un autre homme et Kyo découvre la jalousie, bien qu'il lui ait accordé toute liberté (I.4) ; dans la quatrième partie, Kyo, déjà menacé, décide de partir seul, malgré les instances de May, puis, après avoir rencontré Katow, revient chercher sa femme (IV.3). Par deux fois, Kyo accède à une connaissance de lui-même, à une compréhension différente de la vie. Ce qui aurait pu être rejet de la différence, devient reconnaissance, d'où enrichissement mutuel. La seule vie de couple qui soit véritablement évoquée est celle que partagent Kyo et May.

Chez Malraux, le personnage reste un élément important de la trame romanesque. Dans la lignée de Stendhal, la tension héroïque persiste, mais elle se trouve contrebalancée par un regard ironique qui ne touche pas les héros, mais plutôt des créatures issues du farfelu.

---

1. *Les Conquérants*, p. 237.

L'action conjointe du cadre et des personnages définit un roman somme toute assez classique, qui tend seulement à être plus complexe, plus ambigu, que ne le prétendait le XIXe siècle.

C. Action et idéologies

Nul doute que les romans de Malraux soient d'abord pressentis comme des romans d'action. Rythme haletant, actions précipitées, enchaînement sans trêve, le caractère dramatique est si prégnant qu'il est bien difficile de mémoriser une intrigue. Ce pari en faveur de l'action se vérifie pleinement dans le roman d'aventures. Néanmoins, malgré la tension qui règne entre les forces antagonistes, ce n'est pas le suspense que Malraux recherche. Les conflits n'existent pas pour eux-mêmes, ils portent sens. Chaque individu, chaque groupe représente une force, mais aussi une idée, voire un idéal. La dynamique de l'œuvre va donc ébranler le monde initialement ordonné pour faire valoir d'autres conceptions.

1. L'aventure

De l'aveu de Malraux, cette notion est décisive au moment où il songe à écrire des romans. Il confie à Gaëtan Picon : « *Ce mot connut, vers 1920, un grand prestige dans les milieux littéraires*[1]. » Il ajoute une définition : « *L'aventure commence par le dépaysement, au travers duquel l'aventurier finira fou, roi ou solitaire, elle est le réalisme de la féerie.* » Par cette approche, il s'inscrit dans la tradition de l'exotisme et de la rêverie sur l'ailleurs, en même temps qu'il met en relief l'originalité de sa conception, qui consiste à exalter une expérience-limite qui porte l'homme au-delà de ce qu'il pouvait espérer. Ce qui passionne Malraux dans des vies telles que celle de Lawrence dont il rendra compte dans *Le Démon de l'absolu*, c'est cette idée de franchissement, de transgression. Dans la préface de cet essai biographique, il définit ainsi le mythe de l'aventurier :

> Le mythe de l'aventurier atteint en l'homme des régions bien autrement profondes. Au sens où le Détective est un mythe de l'intelligence, l'Aventurier, qui semble d'abord un mythe de l'énergie, est sans doute un mythe infiniment plus complexe, où la liberté joue le premier rôle. Il n'a trouvé sa force qu'il y a un peu plus d'un siècle[2].

---

1. G. Picon, *Malraux*, p. 78, note 30.
2. *Le Démon de l'absolu*, *in* : *Œuvres complètes*, II, Gallimard, La Pléiade, 1996, p. 823.

L'aventurier n'est pas seulement celui qui va jusqu'au bout, c'est aussi quelqu'un qui va au-delà. Il est évident que Malraux se projette personnellement dans l'aventurier comme dans le conquérant et que cette construction de figures fictives compense ce qu'il ne fait pas dans la vie, et le conduit à assumer la véritable aventure qui est sienne, c'est-à-dire celle de l'artiste.

Quel est le contexte littéraire et spirituel, à l'époque où point l'essor du roman d'aventures ? En 1913, un article de Jacques Rivière, intitulé : « Le roman d'aventures » paraît à la N.R.F. Celui-ci proclame ouvertement : « Le roman nouveau sera donc un roman d'aventures. » Sorte de prédiction à laquelle il adjoint cette précision : il appelle de ses vœux un roman « tout entier en actes. » Lorsque Malraux est intégré au cercle de la N.R.F., Gide lui fait découvrir Conrad, auquel Gallimard rend hommage. De l'auteur de *Cœur des ténèbres*, traduit en 1924, Malraux retiendra le goût des grands espaces, le mystère, les hommes en lutte contre des forces qui les dépassent. Il puisera aussi chez lui deux tensions qui iront croissant dans ses propres romans : le sentiment de l'absurde et l'expérience métaphysique. Parmi les écrivains français qui traitent de l'aventure dans les années 1918-1930, des auteurs comme Paul Morand, Valéry-Larbaud habituent le lecteur à sortir des frontières européennes, à se complaire dans l'exotisme.

Par rapport à ses aînés, quelle sera l'originalité de Malraux ? Dans son œuvre, le seul roman d'aventures, au sens strict, est *La Voie royale*. Et pour bien montrer qu'en 1930, ce genre est à la mode, il peut être rappelé que cette année-là, *Malaisie* d'Henri Fauconnier reçoit le Prix Goncourt. Dans le récit de Malraux, nombreuses sont les composantes de l'aventure, en particulier les données géographiques et ethniques. Le lecteur de 1930 découvre des provinces — le Siam, le Cambodge, le Laos — des villes — Bangkok, Saigon, Angkor —, la faune et la flore du Cambodge, ainsi que les tribus indigènes. L'apport spécifique de Malraux sera de trois ordres : **psychologique, politique, métaphysique**. Les thèmes récurrents pour circonscrire la psychologie de l'aventurier seront l'action, l'érotisme et la mort. L'aventurier prend des risques pour justifier sa présence sur la terre. C'est par excellence une figure d'insoumis. Il est dit dans *La Voie royale* : « *Tout aventurier est né d'un mythomane.* » Fabulation, simulation, l'aventurier évolue dans un monde qu'il se crée. Dernier point que Malraux éclaire dans les *Antimémoires* : il opère une distinction entre l'aventurier-roi, qui fut sédentaire, et l'aventurier-épave, qui se cherche ou se fuit dans l'errance. A l'image du premier, Mayrena, aventurier constamment évoqué par Perken ; à l'image du second, Grabot qui croupit dans la déchéance. Sur le plan politique, Malraux met en scène les conflits coloniaux de l'entre-deux guerres, essentiellement en Asie. Il fait donc entrer l'Histoire dans le récit d'aventures. Sur le plan métaphysique, il propose une réflexion sur le sens de l'existence et à cet égard, le dernier roman de Malraux apporte un point de vue beaucoup plus large sur le concept d'aventure : « *Comme un destin humain, la vie tout entière était une aventure*[1]. » Il n'est peut-être pas nécessaire d'être aventurier pour appréhender l'existence en termes de recherche, d'affrontement, de défi par rapport à soi-même et à la mort.

2. L'engagement : l'homme et l'Histoire

Malraux établit explicitement un lien entre l'aventure et l'Histoire. Parlant de l'évolution de l'homme à travers les siècles, il estime que l'Histoire a peut-être pris le relais de la religion : « *C'est l'histoire qui est chargée de donner un sens à l'aventure humaine — comme les dieux. De relier l'homme à l'infini*[2]. » Outre cette fonction de replacer l'homme dans le cosmos, elle aurait pour vocation de dénoncer, voire réfuter la servitude liée à la condition de l'homme. Dans les *Antimémoires*, Malraux qualifie les grandes figures historiques, comme les aventuriers de jadis : « *les hommes de l'anti-destin*[3]. » A partir d'une telle conception, aventure et révolution deviennent celles, non plus d'un individu ou d'un groupe, mais de l'Homme, c'est-à-dire de l'humanité entière. Deux romans seront sollicités quant à la notion d'Histoire : *Les Conquérants* et *L'Espoir,* dans le but d'expliciter les rapports délicats que Malraux entretient avec le marxisme et de préciser quel rôle est dévolu à l'Histoire et à la Révolution dans ses romans.

Le premier débat se noue autour des *Conquérants*, à travers **un dialogue avec Trotsky**. Selon cet initiateur de la révolution russe, le roman est fondé sur l'opposition entre Tcheng-Daï, autorité spirituelle de l'aile droite du Kuomintang, et Hong, chef des terroristes. Il dépeint, en outre, une action collective. A ces assertions* parues dans « La Révolution étranglée », Malraux rétorque que « *L'accent principal est mis sur le*

---

1. *Les Noyers de l'Altenburg*, p. 661.
2. *Ibid.*, p. 687.
3. *Le Miroir des limbes*, I, Gallimard, « La Pléiade », 1976, p. 334.

rapport entre des individus et une action collective, non sur l'action collective seule. » Dans « La Question des *Conquérants* », il donne sa conception du révolutionnaire : « *Pour moi, le révolutionnaire naît d'une résistance* » et propose une définition du communisme : « *Le communisme est d'abord l'antithèse — au sens hégélien — de la bourgeoisie*[1]. » Alors que la bourgeoisie fonde ses valeurs sur l'individu, le bolchevisme reconnaît les valeurs collectives. Or, il est clair que Malraux, même s'il défend les revendications des groupes opprimés, n'est pas prêt à abdiquer la valeur de l'individu. Preuve en est : le rôle qu'il confère à Garine, dont ce livre est une « *monographie* ». Tout se passe comme si Malraux était persuadé de la légitimité de la Révolution et se défiait en même temps de l'idéologie marxiste. En effet, quoi de plus étranger à ses propres convictions ? Au matérialisme, il répond par une réalité qui n'est qu'une succession discontinue d'apparences ; à des situations propres à un moment historique, il oppose des situations propres à la condition de l'homme ; à l'optimisme, il réplique par le pessimisme. Il dira d'ailleurs à Jean Lacouture : « *Philosophiquement, je ne suis pas du tout marxiste*[2]. » Le débat autour des *Conquérants* se révèle **un débat sur le marxisme**.

La seconde diatribe*, engendrée par *L'Espoir* se concentre, elle, à l'intérieur du roman, par l'entremise des personnages qui vont dégager les problèmes et adopter des solutions différentes. Elle ne porte plus sur une conception idéologique, mais sur **les moyens à mettre en œuvre** pour que cette idéologie se concrétise et parvienne à ses fins. La position de Malraux est claire : il est du côté des Républicains, dénonçant la politique fasciste. Le réquisitoire contre Franco est sans ambiguïté. Un document trouvé en la possession d'un officier le 28 juillet dévoile les méthodes franquistes pour semer la terreur dans la population (II.2.8). Autre certitude : il adhère à la révolution considérée comme Apocalypse, c'est-à-dire selon le Livre de Saint-Jean, Révélation. Nul doute que la justice sociale, l'espoir sont du côté républicain, qui défend la liberté, la dignité, la fraternité. Dans cette guerre de légitime défense, la conquête la plus difficile reste l'efficacité sur l'illusion lyrique. Les communistes préconisent de « *faire* », les anarchistes d'« *être* ». Même si la division des forces antifascistes constitue un réel danger, Malraux ne peut s'empêcher d'éprouver une réelle sympathie

---

1. *In* : *André Malraux, Les Cahiers de l'Herne* n° 43, 1982, p. 34.
2. Cité par J. Lacouture : *Malraux, une vie dans le siècle*, p. 415.

envers les anarchistes, dont la qualité fondamentale est d'aimer les gens pour eux-mêmes. Il condamne de toute évidence l'illusion qui n'est que faiblesse et prône l'action ouverte sur un devenir.

Au sortir de ces deux débats sur le communisme et les moyens d'action, reste à déterminer le traitement de l'Histoire dans l'œuvre romanesque. Par rapport au roman historique, Malraux prend bien soin de ne pas faire paraître les grandes figures qui déterminent le cours de l'Histoire. Certes, il fait entrer Borodine dans *Les Conquérants*, mais Franco n'a pas sa place dans *L'Espoir*. Or, la pratique sera tout à fait différente dans *Le Miroir des limbes*. Peut-être est-il difficile de mêler à ce degré réalité et fiction. Plus que vers une réalité anecdotique, le roman malrucien va plutôt **tendre vers l'épopée et vers le mythe**. De l'épopée, il hérite la conception des foules comme entité romanesque : « *Deux fois, j'ai vu le peuple d'Espagne. Cette guerre est sa guerre, quoi qu'il arrive ; et je resterai avec lui là où il est*[1]... » Sur le plan stylistique, il perpétue le traitement de l'image propre à l'épopée : présentant ses personnages, il leur attribue un trait qui fixe la figure, à la manière d'Homère. Par-delà l'épopée, il reverse l'Histoire dans le mythe, mettant en lumière l'imaginaire de la Révolution. Le moteur de l'Histoire n'est plus seulement la lutte des classes, mais l'héroïsme individuel et communautaire. La Révolution devient un des modes privilégiés de réalisation des valeurs éthiques*.

Rendant compte de l'histoire contemporaine, Malraux affiche une nette propension à dépeindre soulèvements et insurrections. Mis à part le roman d'aventures et *Les Noyers de l'Altenburg*, tous les récits participent de cette **description de crises révolutionnaires**. Le romancier replace ces insurrections dans la lignée de la révolution française et du soulèvement russe. Au cours d'une conversation avec Magnin, Garcia disserte sur cet héritage historique :

> Nous sommes soutenus et empoisonnés à la fois par deux ou trois mythes assez dangereux. d'abord, les français : le Peuple — avec une majuscule — a fait la Révolution française. Soit. [...] La révolution russe a encore compliqué les choses. politiquement, elle est la première révolution du XXe siècle ; mais notez que, militairement, elle est la dernière du XIXe[2].

1. *L'Espoir*, p. 263.
2. *Ibid.*, p. 98.

La révolution russe est présente dans diverses intrigues : ainsi, Borodine est Bolchevik, Katow a été déporté en Sibérie en 1905. Quant à l'unité du peuple, elle est surtout perceptible dans les défilés qui ouvrent « L'Illusion lyrique », scandés par le cri : « *No pasaran* », cortèges qui soulèvent chez Malraux à la fois sympathie et nostalgie :

> [...] cette communion souterraine qui avait été, en effet, la chrétienté, et qui était la révolution ; ils avaient choisi la même façon de vivre, et la même façon de mourir[1].

Il est intéressant de remarquer que la solidarité et la ferveur rappellent à Malraux le temps des bâtisseurs de cathédrales, qu'il évoquera longuement dans *Le Surnaturel*.

A l'origine de la révolution : la misère. Elle est peinte sans concession par le Narrateur des *Conquérants* à la journée du 15 août, qu'il relie à la fête de Marie :

> Spectacle d'une misère dont rien, en Europe, ne peut donner l'idée [...] Devant ces hommes, monte en moi un sentiment grossier, animal comme ce spectacle, fait de honte, d'effroi, et de joie ignoble de n'être pas semblable à eux. La pitié ne vient que lorsque je ne vois plus cette maigreur, ces membres de mandragores, ces haillons, ces croûtes larges comme des mains sur la peau verdâtre, et ces yeux déjà vitreux, troubles, sans regard humain — lorsqu'ils ne sont pas fermés[2].

Pour ce peuple réduit au dénuement et à la déchéance, quelles seront les conquêtes de la révolution ? D'abord, **la liberté d'expression**. Face à une délégation ouvrière, dont le porte-parole est un menuisier, Malraux commente :

> La conscience qu'avaient ces hommes de représenter des vies, des faiblesses et des responsabilités, de représenter les leurs en face d'un des leurs, était si évidente que la révolution, dans sa part la plus simple et la plus lourde, était entrée avec eux : la révolution, pour celui qui parlait, c'était le droit de parler ainsi[3].

La seconde acquisition du soulèvement est **une façon de vivre et de mourir**, dont l'emblème reste la liberté. Le Négus expose sa détermination farouche :

---

1. *L'Espoir*, p. 40.
2. *Les Conquérants*, p. 250.
3. *L'Espoir*, p. 233.

> Si nous sommes écrasés ici à Madrid, les hommes auront un jour vécu avec leur cœur. Tu me comprends ? Malgré la haine. Ils sont libres. Ils ne l'avaient jamais été[1].

Plus qu'une reconnaissance de leur statut civique, la révolution symbolise pour ces opprimés **une véritable naissance à la conscience d'exister**. Au-delà des systèmes et des idéologies, Malraux ne peut être que solidaire de ces rébellions qui modifient le cours de l'Histoire.

D. Philosophie et métaphysique

En comparaison des productions des années 30, dimension politique et réflexion métaphysique* représentent les caractéristiques majeures du roman malrucien. Malraux fait passer à travers son œuvre un ensemble de messages qui, réunis, peuvent constituer sa philosophie ou sa vision du monde. Bien qu'il ne soit pas étranger à l'absurde, il ne remet pas en cause, à la manière de Beckett, la construction du sens, ni la transmission de la connaissance. Si le monde peut paraître dénué de signification, l'écriture ne l'est pas.

1. La condition de l'homme

Le Narrateur des *Noyers de l'Altenburg* est catégorique, et comment Malraux ne le serait-il pas ? « *Écrivain, par quoi suis-je obsédé depuis dix ans, sinon par l'homme ? Me voici devant la matière originelle*[2]. » La première exigence est de circonscrire quelles sont les composantes de cette condition. Deux réponses s'imposent, qui rappellent « *les prophètes de l'irrémédiable* », à la fois Pascal et Baudelaire : **le temps et la mort**. C'est parce que l'homme a une vie bornée, parce qu'il a conscience de cette finitude, que Malraux l'appellera « *le seul animal qui sache qu'il doit mourir* ». Le premier déterminisme qui pèse sur l'existence, c'est donc sa limite. Une scène de *L'Espoir* réunit un vieux paysan et un très jeune enfant qu'il porte dans ses bras. Scène anonyme, car ils n'ont pas de nom ; scène fugace, le temps qu'ils montent dans une voiture et disparaissent à tout jamais. Pourtant, leur souvenir reste ancré dans la mémoire, parce que Malraux crée entre les êtres une communion qui s'exprime par les mains :

---

1. *L'Espoir*, p. 172.
2. *Les Noyers de l'Altenburg*, p. 629.

le vieillard tenant l'enfant est à son tour tenu par un ouvrier étranger qui retourne au combat. Le médecin ne peut détacher ses regards…

> La part la plus profonde de lui-même demeurait liée à ces mains — la même part qui les avait fait s'arrêter tout à l'heure celle qui reconnaît sous leurs expressions les plus dérisoires la maternité, l'enfance ou la mort[1].

Le temps est donc la première mesure de cette condition de l'homme, et Malraux, aussi bien dans sa vie que dans son œuvre, donne l'impression de ne pas disposer du temps, de perpétuellement l'arracher à quelque obscure menace.

Inéluctable échéance, **la mort est**, dans ce monde athée, **le terme à partir duquel toute vie doit être pensée, interprétée**. Les morts violentes abondent dans les romans de Malraux : qui ne serait capable de citer celle de Klein torturé et mis à mort, celle de Tchen tenant sa bombe par l'anse comme une bouteille de lait, celle de Katow précipité vivant dans les chaudières. La mort volontaire est également présente, depuis le suicide de Kyo incarcéré jusqu'à celui de Dietrich Berger. Les personnages n'échappent pas non plus à cette mort partielle du corps qu'est la mutilation : mutilation par la torture, mais aussi par la maladie comme Grabot, ou par l'accident comme Jaime Alvear, tous deux devenant aveugles. Toutes ces scènes de souffrance entretiennent un climat tragique qui n'est pas exempt de sadisme, mais il semblerait que la plus grande épreuve ne réside pas dans l'horreur, dans l'expérience intime de la mort, mais dans sa représentation mentale. Et c'est là peut-être que, de romancier, Malraux devient philosophe. Le plus insupportable semble être **l'imaginaire de la mort**. Dans *L'Espoir*, Moreno, condamné à mort, a vu de sa prison ses compagnons mourir, puis finalement a eu la vie sauve. Scène qui rappelle la condamnation de Dostoïevski, et la grâce qui s'en suivit. Traumatisé par cette expérience, Moreno témoigne :

> Même la torture est peu de chose à côté de la certitude de la mort. La chose capitale de la mort, c'est qu'elle rend irrémédiable ce qui l'a précédée, irrémédiable à jamais ; la torture, le viol, suivis de la mort, ça c'est vraiment terrible[2].

---

1. *Les Noyers de l'Altenburg*, p. 373.
2. *L'Espoir*, p. 216.

L'angoisse de l'irrémédiable chez Malraux provient du fait que la mort fixe sens ou non-sens définitivement. D'où le sentiment qui habite Perken de jouer toute sa vie sur ce moment qui risque de lui échapper.

Puisque mort il y a, et semble-t-il sans au-delà, la vie à son tour va pouvoir être définie. Aux yeux de Malraux, **c'est la mort ou la pensée de la mort qui commande la vie**. Si le Colloque de l'Altenburg est centré sur la recherche de l'homme fondamental, un personnage de *L'Espoir*, Shade, parvient à définir la vie fondamentale :

> Il n'attachait plus d'importance qu'à ce qu'il appelait idiotie ou animalité, c'est-à-dire la vie fondamentale : douleur, amour, humiliation, innocence[1].

L'énoncé de ces vertus, sensations et sentiments définit un ensemble de situations, où se manifeste l'humain. La technique romanesque propre à Malraux sera de faire jaillir l'humain au cœur de l'inhumain. Est-ce pour cette raison que prolifèrent les scènes insoutenables ? Au pied de Klein torturé, gît sa femme aimante ; entre Souen et Peï, s'est perdu le cyanure donné par Katow ; sous les bombes fascistes, se dresse, dérisoire mais invaincue, la lance de Mercery. Toute situation d'inhumanité engendre le sacrifice et le don de soi, qui sont la marque de l'humain. La scène la plus poignante reste l'épisode de Bolgako, dans *Les Noyers de l'Altenburg*, lorsque les soldats allemands atterrés par les ravages commis par les gaz de combat partent, au mépris de toutes les lois de la guerre, à la recherche des russes gazés dans un paysage d'Apocalypse. Malraux rend hommage à l'humanité, qui n'est plus l'apanage des héros, mais simplement le signe de révolte des hommes obscurs contre l'écrasement d'une condition absurde.

2. Conscience et destin

Dans la préface à *L'Imposture* de Bernanos, Malraux soutenait en 1928 — « *Le roman moderne doit poser* le problème de la destinée et *témoigner de* conflits métaphysiques. » Dans quelle mesure l'œuvre romanesque qui s'ouvre cette annnée-là avec *Les Conquérants* procède-t-elle de ce jugement critique ? Malraux définit par rapport à la condition humaine deux types de posture : soit **la position occidentale** qui choisit l'affrontement et la lutte ; soit **la solution orientale** qui préconise une fusion de l'homme avec l'univers. L'auteur de *La Tentation de l'Occident*

---

1. *L'Espoir*, p. 43.

évince cette dernière éventualité, parce qu'elle suppose un reniement de la conscience. Deux mouvements vont inspirer une forme de dialectique* spirituelle : premièrement, **la transformation de la vie en Destin** ; deuxièmement, la transformation **du Destin en conscience**.

Dans un article du *Figaro littéraire*, paru en 1967, Malraux définissait en ces termes la notion de Destin :

> En définitive, l'Antiquité a tous les dieux que nous savons, et puis au-dessus, il y a ce dieu sans temple et sans offrandes, qui est le Destin[1].

Cette force obscure qui préside à l'évolution des hommes, si longuement évoquée dans l'univers de la tragédie, sera l'objet de méditation dans *Le Surnaturel*, c'est-à-dire l'expression artistique dominée par les dieux. Ayant éclairé l'origine de cette notion, Malraux s'attache dans un article de *Verve* à la définir en dehors de toute relation à l'Antiquité :

> Destin recouvre ici quelque chose de précis : la conscience, qu'a l'homme de ce qui lui est étranger et de ce qui l'entraîne, du cosmos dans ce qu'il a d'indifférent et dans ce qu'il a de mortel ; l'univers et le temps, — la terre et la mort[2].

Cette détermination vaut pour tout homme, sans considération de culture ou de religion. **Le Destin représente ce qui échappe à l'homme et le conditionne, en particulier la mort**. Ce terme est ambigu : il désigne ici non pas la mort, en tant qu'accident de l'existence, mais en tant que terme inéluctable qui s'impose au vivant. Cette limite précipite l'homme dans un état de servitude.

Si la vie est perçue comme Destin, le second temps de la métamorphose sera le Destin appréhendé par la conscience. A la différence des Surréalistes, Malraux soutient dans la postface des *Conquérants* : « *Nous proclamons d'abord valeurs, non pas l'inconscient, mais la conscience*[3]. » Dans l'ordre du vivant, la conscience, spécifiquement humaine, confère à l'individu suffisamment de force pour entrer en lutte contre la fatalité. Cette revendication éclaire le paradoxe contenu dans « La Psychologie de l'artiste », article contemporain de *l'Espoir* : « *Au destin de l'homme, l'homme commence et le destin finit*[4]. » Au-delà du brio de la formule,

1. *In* : *Le Figaro littéraire*, n° 1120, 2-8 octobre 1967, « Malraux parle : I », p. 7.
2. *In* : *Verve*, n° V, p. 69.
3. *Les Conquérants*, p. 314.
4. *In* : *Verve*, n° I, Décembre 1937, « La Psychologie de l'artiste », p. 45.

Malraux veut signifier que l'aptitude à analyser sa condition permet à l'homme de s'en affranchir. En conséquence, la première conquête de la conscience est **l'indépendance**. Afin de l'aider dans ce cheminement difficile, l'art, et plus largement la culture, contribuent à l'émancipation. Malraux ne déclarait-il pas à André Parinaud : « *L'art est une des défenses fondamentales de l'homme contre le destin*[1]. » Par ce point de vue, se trouve justifiée la volonté du ministre de la Culture, qui s'exercera bien des années plus tard afin de promouvoir partout l'art et la connaissance. La maîtrise spirituelle du Destin passe par la conscience et le savoir, qui sont à leur tour gages de liberté.

3. De l'absurde à la quête du sens

Si l'absurde entre en littérature avec des écrivains, tels que Céline, Sartre ou Camus pour être porté à son paroxysme chez Beckett, dans les années 50, les romans de Malraux sont tout à fait perméables à ce climat existentiel, dont témoignera Emmanuel Mounier dans son essai intitulé *L'Espoir des désespérés*. Chez Malraux, la perception de l'absurde est moins sociale que chez Céline ou Camus, moins physique que Chez Sartre, elle revêt cependant les deux aspects. Le premier personnage touché par cette crise est Garine, dans lequel Malraux se projette ; il rassemble en lui les deux expériences : sociale par son procès ; physique par la maladie. Très lucidement, le personnage établit la relation entre ces deux situations :

> C'est bizarre : après mon procès, j'éprouvais — mais très fortement — le sentiment de la vanité de toute vie, d'une humanité menée par des forces absurdes... Maintenant ça revient... c'est idiot, la maladie... Et pourtant, il me semble que je lutte contre l'absurde humain, en faisant ce que je fais ici[2]...

Par deux fois, Garine éprouve une sensation d'étrangeté : il ne reconnaît pas le monde qui l'entoure, il ne reconnaît pas son corps. L'absurde serait comme une épreuve au sortir de laquelle ce qui était connu, familier, devient incompréhensible. **L'irruption du non-sens menace l'homme** sans qu'il puisse agir ; ainsi, Garine s'écrie à la fin du livre : « *On peut vivre en acceptant l'absurde, on ne peut vivre dans l'absurde*[3]. » Après avoir été une relation d'étrangeté à l'autre ou à soi, l'absurde tend à se généraliser et

---

1. *In* : *Arts*, n° 335, 30 novembre 1951, « André Malraux nous dit : I », p. 1.
2. *Les Conquérants*, p. 195.
3. *Ibid.*, p. 266.

crée un fossé entre l'homme et le monde ; d'autre part, ce qui était perception s'intériorise et s'intellectualise. A partir de cet instant, la conscience de la vanité de vivre devient proprement insupportable. Dans « La Question des *Conquérants* », le romancier bâtira l'interprétation de son livre sur les tentatives de se soustraire à l'absurde :

> L'ensemble des *Conquérants* est une revendication perpétuelle [...] échapper à cette idée de l'absurde en fuyant dans l'humain[1].

Qu'est-ce qui provoque cette fuite dans l'humain, si ce n'est l'exigence de sens ? Exigence proférée par Malraux dans les *Antimémoires* :

> Ce que je tiens pour le plus important, c'est : quel sens a le monde ? donc, un sentiment profondément lié à la conscience[2].

Exigence clamée par Vincent Berger au moment où, gazé, il comprend qu'il va perdre cette vie :

> Il était possédé d'une évidence fulgurante, aussi péremptoire que le sifflement ténu dans sa gorge : le sens de la vie était le bonheur, et il s'était occupé, crétin ! d'autre chose que d'être heureux[3].

La compréhension du sens intervient ici au terme de la vie, et c'est peut être ce message que le père lègue au fils, comme un testament, de même que le fils narrateur le léguera au lecteur. Dès que l'absurde paraît, il est urgent de construire un sens. Malraux en fera l'apanage de tout artiste : « *En art, la vie commence toujours au sens de la vie*[4]. »

4. Le tragique et sa représentation

Le tragique se déduit de la présence du Destin, plus exactement du **conflit entre la liberté et la fatalité**. Le roman de Malraux est par essence tragique. Ce mode d'expression sera appréhendé à travers trois motifs : le leitmotiv de **la prison, le dilemme et la scène tragique**.

Avant d'être un thème romanesque, la prison est chez Malraux une image mentale, probablement venue de Goya, et elle engendre une méditation métaphysique*, en étroite corrélation avec Pascal. Dans *Saturne, essai sur Goya*, Malraux analyse longuement l'œuvre gravé de Goya, en

---

1. *In* : *André Malraux, Les Cahiers de l'Herne*, n° 43, p. 37.
2. *Le Miroir des limbes*, p. 337.
3. *Les Noyers de l'Altenburg*, p. 743.
4. *In* : *Verve*, n° I, p. 48.

particulier les *Caprices* et les *Désastres* ; il en tire une vision du monde livré à la barbarie et au délire. Pour commenter cette suite d'hallucinations, il aura cette formule : « *La condition humaine est aussi une prison*[1]. » Bien au-delà de la représentation de la vie carcérale, Malraux fait de la prison **une allégorie de la condition de l'homme**. Parmi les espaces fermés, la prison retient particulièrement Malraux. Deux scènes importantes de *La Condition humaine* s'y déroulent au cours de la sixième partie : l'une entre Kyo et le fou, où le romancier va développer des comparaisons avec les arènes romaines ou le monde du cirque (VI.1) ; l'autre dans le préau, où Katow et ses adeptes attendent la mort (VI.3). La première est dramatique, jouant habilement sur les barreaux et le partage de l'ombre et la lumière ; la seconde est tragique, puisque, comme dans *Bajazet*, sortir équivaut à mourir. Dans *L'Espoir*, le romancier renouvelle l'approche : la prison n'est plus toile de fond ou décor, elle suscite les réflexions de Moreno, qui semble traumatisé à vie par cette épreuve. (II.2.7). A cette image obsédante de la prison se lie une réflexion philosophique héritée des *Pensées* :

> Le plus grand mystère n'est pas que nous soyons jetés au hasard entre la profusion de la matière et celle des astres ; c'est que dans cette prison, nous tirions de nous-mêmes des images assez puissantes pour nier notre néant[2].

Seconde instance du tragique : **le dilemme**, moment où le héros ne peut que choisir une issue défavorable. **Le tragique commence par la perplexité et se poursuit par le déchirement** ; il suppose de toute façon une conscience aiguë de la situation. C'est d'abord la question de Tchen « *Que faire d'une âme s'il n'y a ni Dieu, ni Christ ?* » Le disciple de Gisors y répondra par une symbiose* entre mysticisme* et terrorisme. C'est ensuite l'écartèlement de Manuel entre les deux fuyards qu'il doit condamner, malgré l'estime qu'il leur porte. Dans cette scène, Malraux confronte la conscience tragique qu'incarne Manuel et la condition tragique que symbolisent les détenus. A l'image des esclaves de Michel-Ange, le romancier fait de ces victimes une allégorie* de l'opprimé :

> L'un des deux condamnés recula son visage pour le regarder ; à genoux, le torse rejeté pour voir Manuel au-dessus de lui, les bras retombés en arrière sur ce fond de nuit et de pluie sans âge, il était celui qui paie toujours. Il avait sauvagement frotté son

---

1. *Saturne, essai sur Goya*, p. 122.
2. *Les Noyers de l'Altenburg*, p. 665.

> visage contre les bottes pleines de boue de Manuel ; son front et ses pommettes en étaient couverts, autour de la tache cadavérique des orbites restés blancs[1].

Le tragique réside donc dans une situation donnée et dans l'incapacité de résoudre l'énigme de cette condition.

Le roman d'actions sur fond de révolution est propice à la multiplication des scènes tragiques. Sachant que les ressorts traditionnels de la tragédie sont **la terreur et la pitié**, trois exemples seront tirés de *L'Espoir*. Le premier, fortement dramatique, est fondé sur l'horreur : Le Négus est traqué par un lance-flammes brandi par un fasciste (I.II. I.1). Le second repose sur la pitié, en même temps qu'il s'élève à une méditation philosophique :

> Le regard de Magnin errait du tronc aux gorges sans âge. L'une après l'autre, les civières passaient. Comme au-dessus de la tête de Langlois, les branches s'étendaient au-dessus du roulis des brancards, au-dessus du sourire cadavérique de Taillefer, du visage enfantin de Mireaux, du pansement plat de Gardet, des lèvres fendues de Scali, de chaque corps ensanglanté porté dans un balancement fraternel. Le cercueil passa, avec sa mitrailleuse tordue comme une branche[2].

Outre ces deux sources d'inspiration, le tragique peut se charger de **symbolisme**.

> Le Négus montrait de son index court une crucifixion à la Bonnat, pâle sur un fond de bitume, fusillée depuis des jours par ceux d'en face. Les trous groupés des balles avaient presque arraché le bras droit ; le gauche, protégé sans doute par les pierres des murs, était seulement percé ça et là ; de l'épaule à la hanche, en bandoulière, le corps blême avait été parcouru par une rafale de mitrailleuse, régulière et nette comme la piqûre d'une machine à coudre[3].

Si le premier exemple mettait en scène l'action, le second le regard sur l'action, le dernier constitue en soi un tableau. Cette vision d'un Christ fusillé, après avoir été crucifié, donne une image vigoureuse de cette guerre fratricide.

Cependant, considérer Malraux uniquement comme écrivain tragique serait fausser sa pensée. Lui-même a longuement médité sur la tragédie grecque et, malgré tout ce qui a pu être dit sur la fatalité, il soutient qu'elle

1. *L'Espoir*, p. 332.
2. *Ibid.*, p. 409.
3. *Ibid.*, p. 172.

est **école de liberté**. Comment défendre un tel paradoxe* ? En faisant intervenir la dimension de la représentation. Si la destinée d'Œdipe est tragique, la pièce de Sophocle ne l'est pas. Entre Œdipe et Sophocle, s'interpose une œuvre d'art, qui, parce qu'elle suppose la maîtrise du destin, est fondatrice de liberté. En montrant Le Négus ou Manuel en train d'affronter le destin, Malraux définit, par sa création, la maîtrise du destin que représente l'exercice de son art et initie le lecteur à sa propre liberté. L'article de *Verve*, publié en juin 1938, expose très clairement ce passage du destin subi au destin représenté :

> C'est la nature même de l'art de vouloir posséder espace, temps et possible, et de savoir qu'il y parvient seulement en les arrachant au monde que l'homme subit pour les faire entrer dans celui qu'il gouverne, en changeant un destin en signification[1].

Paradoxalement, **l'écriture tragique abolit la tragédie**.

5. L'attitude de l'homme par rapport à sa condition

Telle qu'elle a été définie jusque-là, la condition de l'homme paraît peu enviable. C'est Gisors qui ouvre le débat : « *Il est très rare qu'un homme puisse supporter, comment dirais-je, sa condition d'homme.* » De même que chez Pascal, existait le divertissement, qui consistait à se détourner de toute pensée réflexive, de même les personnages de Malraux vont tenter de se soustraire à cette pression. Deux attitudes majeures peuvent être discernées : d'une part, **ceux qui luttent** ; d'autre part **ceux qui s'affranchissent** de cette condition. Comme Hugo, Malraux rend hommage à ceux qui luttent, que ce soit dans la vie — il suffit de penser à Jean Moulin, à qui il consacre une oraison funèbre —, ou dans la fiction — les conquérants, les aventuriers, les révolutionnaires. A part la lutte contre ce déterminisme, l'individu peut rechercher l'affranchissement. Les dépassements de cette condition seront surtout de deux ordres : éthique* et esthétique*.

Sur le plan moral, plus que par l'amour, Malraux est inspiré par une vertu chrétienne — **la charité** — et une vertu révolutionnaire — **la fraternité**. De la première, il est débattu dans *L'Espoir*, au cours d'une conversation entre Guernico et Garcia (II.I.I.6). Autour de la seconde, converge une multiplicité d'expériences. Témoignage personnel d'abord : après avoir été secouru par des paysannes, Malraux écrira dans les

1. *in* : *Verve*, n° V, p. 70.

Antimémoires : « *Il ne restait dans ma mémoire que la fraternité*[1]. » L'expérience vécue par Malraux à travers différents faits d'armes, que ce soit dans les brigades internationales pendant la guerre d'Espagne ou au cours des campagnes menées par le Colonel Berger durant la seconde guerre, va trouver un écho dans l'œuvre à travers le thème de la fraternité virile, c'est-à-dire la solidarité entre ceux qui combattent ensemble. Si elle est déjà présente dans le premier roman — Malraux dira que c'est le sentiment essentiel de Garine —, la fraternité ne va cesser de croître, de livre en livre. Depuis le partage du cyanure par Katow jusqu'à la sauvegarde des soldats russes gazés dans l'épisode de Bolgako, la fraternité traverse toute l'œuvre. Il semblerait cependant que le livre de la fraternité soit par excellence *L'Espoir*. La fraternité est d'abord celle éprouvée au cours du combat, y compris par l'intermédiaire des engins qui servent celui-ci :

> L'indifférente mer de nuages n'était pas plus forte que ces avions partis aile contre aile, en vol aile contre aile vers un même ennemi, dans l'amitié comme dans la menace cachée partout sous ce ciel tranquille ; que ces hommes qui acceptaient tous de mourir pour autre chose qu'eux-mêmes, unis par le mouvement des compas dans la même fatalité fraternelle[2].

La fraternité désigne l'alliance des hommes qui luttent contre l'adversité sans souci de hiérarchie ; en cela, elle a partie liée avec l'égalité. Au-delà des scissions idéologiques, **la fraternité est ce qui rassemble les hommes jusque dans la mort**. Sous le regard de Ramos, tous semblent s'être battus pour la même cause :

> Anarchistes, communistes, socialistes, républicains, comme l'inépuisable grondement de ces avions mêlait bien ces sangs qui s'étaient crus adversaires, au fond fraternel de la mort[3]...

Plus que la charité, le sentiment de fraternité domine la création romanesque de Malraux ; elle apparaît comme une forme de catharsis*, l'exercice d'une sublimation où les instincts grossiers de l'homme s'épurent, où l'existence puise une de ses justifications majeures.

Le second dépassement de cette condition tragique de l'homme s'effectue par l'esthétique*. Il est quantitativement beaucoup plus rare que le précédent ; il n'intéresse qu'une catégorie restreinte d'individus. Il n'est

1. *Le Miroir des limbes*, p. 180.
2. *L'Espoir*, p. 390.
3. *Ibid.*, p. 295.

cependant pas négligeable, puisqu'au sortir de l'écriture romanesque, Malraux se consacrera à la réflexion sur l'art. A quels domaines artistiques Malraux se réfère-t-il dans ses romans ? Peuvent être mentionnés le peintre Kama (C.H.), le sculpteur Lopez (E.), les architectes oubliés des temples khmers (V.R.). Il est pourtant un art privilégié : c'est la musique. Par deux fois, la musique intervient au dénouement, comme une forme d'art suprême, comme si après l'effacement des mots, n'allait plus rester qu'une mélodie intérieure, n'allait plus s'élever que le chant de l'âme. C'est Gisors qui confie à May, lors de leur dernière entrevue : « *La musique seule peut parler de la mort*[1]. » C'est Manuel qui successivement joue de la musique, puis l'écoute, sublimant les cicatrices de la guerre à travers le *Kyrie* de Palestrina et *Les Adieux* de Beethoven. Tandis que Gisors adopte une position réflexive et introvertie par rapport à sa douleur et tout ce qu'il a perdu, Manuel se tourne vers l'avenir et vers les autres, scellant en lui définitivement l'espoir :

> Manuel entendait pour la première fois la voix de ce qui est plus grave que le sang des hommes, plus inquiétant que leur présence sur la terre — la possibilité infinie de leur destin[2].

Que l'individu soit amateur d'art, ou créateur, Malraux confère à l'esthétique un pouvoir de consolation, mais bien plus de transcendance. L'expression artistique permet à l'homme de comprendre, voire maîtriser son destin.

Bien que la situation de l'homme dans le monde engage souvent l'humanité dans des conflits, bien que l'être humain appréhende sa condition en termes de dépendance, en particulier par rapport à la mort, Malraux œuvre en faveur de la conscience, exalte l'action et témoigne de la plus grande confiance dans les forces créatrices.

E. L'esthétique romanesque

La dernière étude portera sur les questions formelles, à savoir la manière dont Malraux conçoit dans les années 30 la composition et l'écriture d'un roman. Il est certain qu'il ne bouleverse pas ce genre de façon radicale. Malraux se sert du roman, beaucoup plus qu'il ne le sert. Il paraît légitime de s'interroger sur la progression qui se dessine depuis *Les Conquérants* jusqu'aux *Noyers de l'Altenburg* et sur l'originalité du roman malrucien.

---

1. *La Condition humaine*, p. 284.
2. *L'Espoir*, p. 433.

1. La composition

Quel lecteur n'a été décontenancé devant la complexité de l'œuvre ? Évoquant *La Condition humaine*, Gide dans son journal enregistre ce temps de difficulté et de malaise pour inciter celui qui découvre ce monde à poursuivre : « Ce livre, qui, en revue, m'apparaissait touffu à l'excès, rebutant à force de richesses et presque incompréhensible à force de complexité, me semble, à le relire d'un trait, parfaitement clair, ordonné dans la confusion. » Pour prendre la véritable mesure de l'œuvre, il n'est pas d'approche plus éclairante que d'examiner les méthodes adoptées pour la composer. A cet égard, plusieurs sources peuvent servir de documents : les témoignages de Malraux et l'étude des manuscrits.

Contrairement à d'autres romanciers, ce qui préside à la naissance du livre, ce ne sont pas les figures marquantes de l'intrigue, ce sont **des scènes**. A l'époque où il publie *Les Conquérants*, Malraux écrit dans la préface à *L'Imposture* de Bernanos : « *Ce ne sont pas les personnages qui créent des conflits, mais les conflits qui font naître les personnages.* » Après l'écriture des scènes, la deuxième étape consiste à les ordonner et à établir des liens entre elles ; par des systèmes d'annonces ou de rappels, le romancier assure **la cohérence du récit**. Enfin, il travaille aux raccords, c'est ce que Malraux appelle « *les parties grises* ». Délibérément, il précipite son lecteur dans une situation en gommant présentation et explication, ce qui donne un effet de brutalité et de tension.

Par ailleurs, ont été effectuées des recherches sur les manuscrits, qui montrent en détails le travail auquel se livre le romancier. Christiane Moatti a mené un travail scrupuleux sur les manuscrits de *La Condition humaine* : elle confirme l'idée que tous les éléments concrets — le décor, l'individualisation des personnages — relèvent d'un traitement qui vient après l'ébauche des grandes scènes. Comme un peintre, Malraux esquisse l'ensemble de la fresque, puis revient sur la caractérisation plus précise des personnages ou de l'arrière-plan. Il s'écarte délibérément des valeurs classiques :

> Loin de rechercher le suivi, l'unité de ton, l'auteur affiche une certaine indépendance à l'égard des notions d'harmonie, d'architecture, de composition [...] Dans la pratique, il est manifestement attiré par les structures contrastées, les effets syncopés et la discontinuité[1].

1. C. Moatti, « *La Condition humaine* » *d'André Malraux, Poétique du roman*, Archives des Lettres Modernes : 210, Minard, 1983, p. 80.

Une telle pratique de la composition ne peut que s'apparenter à une esthétique de la modernité.

En fonction de tous ces choix, est-il possible de dégager entre le premier et le dernier roman une évolution, une maturation ? D'un point de vue global, la ligne générale semble aller **de la simplicité vers la complexité**. Le premier et le dernier romans comportent une instance narrative. Le « je » des *Conquérants*, après avoir fait une présentation des acteurs du drame, est inclus dans l'action et en rend compte immédiatement ; il pourrait être assimilé à un chroniqueur ou un journaliste. Le « je » des *Noyers* raconte sa vie, l'interrompt pour faire intervenir l'histoire de son père, puis revient à son aventure personnelle ; son travail ressemble davantage aux recherches d'un biographe ou d'un historien. Entre ces différentes stratifications, s'interpose le temps, temps de questionnement, temps d'interprétation. L'intrigue des *Conquérants* est prise sur le vif et ressemble en ce sens à la trame des autres romans. L'histoire rapportée dans *Les Noyers* est décantée, filtrée : elle suppose une réflexivité. Alors que le narrateur des *Conquérants* participe à la révolution, celui des *Noyers* ne peut modifier l'aventure vécue par Vincent Berger, tout au plus peut-il en extraire le sens ; *a contrario*, la redécouverte de la vie du père transforme le regard que le fils jette sur les événements de 1940. Comme dans l'épopée, le fait de dire l'aventure non seulement transforme l'histoire racontée, mais aussi transfigure l'histoire de celui qui raconte. Orale chez Homère, écrite chez Malraux, **la narration devient acte**, elle modifie le sens de l'histoire.

La plupart du temps, Malraux n'éprouve pas le besoin de recourir à un narrateur. Le récit à la troisième personne lui permet de prendre du champ, de ne pas s'identifier à un personnage. En comparaison avec les formes musicales, *La Voie royale* représente un duo, *La Condition humaine* un trio qu'incarnent les trois révolutionnaires, accompagné de personnages secondaires et de toute une foule. Quant à *L'Espoir*, il relève par sa diversité et son foisonnement de la polyphonie. La structure va donc en se compliquant ; Malraux multiplie les prises de parole qui changent la focalisation. L'unité narrative se perd ; la réalité est présentée par fragments, inachevée, discordante ; ce n'est qu'à la fin de l'histoire que toutes ces voix éparses pourront se fondre dans une nouvelle unité qui est l'œuvre. En passant d'un récit univoque* à une pluralité de points de vue, le romancier laisse entendre qu'il n'est pas de regard infaillible sur la réalité et que plusieurs interprétations sont concevables pour interpréter les événements et les êtres. Cette technique romanesque qui est une pratique de la relativité pour le romancier devient pour le lecteur un apprentissage de cette même relativité.

2. L'inspiration cinématographique

Qui dit séquence, point de vue, montage songe immédiatement à l'art du cinéma. Quelles ont été les relations de Malraux à cette expression du XXe siècle ? Passionné par les arts visuels, Malraux sera tour à tour collaborateur, réalisateur, théoricien du cinéma. Cette carrière un peu particulière pour un romancier commence en 1934 avec un projet qui concerne *La Condition humaine*. Il en est question dans la postface des *Conquérants* :

> Un de mes livres, *La Condition humaine*, avait intéressé, en son temps, pas mal de Russes. On devait en tirer un film d'Eisenstein, avec de la musique de Chostakovitch[1].

C'est le roman suivant, *L'Espoir*, qui donnera lieu à une véritable adaptation cinématographique : commencé en 1938 en Catalogne, il sera interrompu par les bombardements italiens et l'arrivée des troupes de Franco ; interdit en France par Daladier, il sera recherché de 1940 à 1944 par les Allemands pour sortir en 1945 sous De Gaulle. Enfin, les réflexions accumulées de 1939 à 1946 sur cet art seront regroupées dans un essai publié en 1946 : *Esquisse d'une psychologie du cinéma*.

Le repérage, même succinct, de techniques cinématographiques — l'image, les mouvements de caméra et les procédés de liaison — à l'intérieur de l'œuvre romanesque, permettra de démontrer la continuité de cette inspiration.

L'image peut être définie par **le plan* et l'angle de vue**. Le roman d'action favorise les plans d'ensemble pour tout ce qui relève des affrontements, des scènes de rue et requiert dans les moments de discussion des plans américains* ou des plans plus serrés. Quant à l'utilisation du gros-plan*, Malraux va reprendre des techniques propres au fantastique. Avant le meurtre, le pied de la victime, comme dans certains tableaux, est doté d'une importance considérable au point d'envahir l'espace. La synecdoque* essaie de traduire cette vision délirante :

> Ce pied vivait comme un animal endormi [...] Le pied, qui touchait presque le pantalon de Tchen, tourna soudain comme une clef, revint à sa position dans la nuit tranquille[2].

---

1. *Les Conquérants*, p. 306.
2. *La Condition humaine*, p. 8.

Le romancier recourt à nouveau au cadrage serré après le meurtre :

> Sur le drap une tache sombre commença à s'étendre, grandit comme un être vivant. Et à côté d'elle, grandissant comme elle, parut l'ombre de deux oreilles pointues.

Malraux réactive l'atmosphère fantastique, mais par l'apparition du chat, introduit une dimension parodique. L'angle de vue a également son importance. Par rapport à l'angle normal, la caméra peut être placée en dessous de la scène ou du personnage, ce qui a tendance à grandir ou magnifier, ou au-dessus, donnant cette fois une perspective d'écrasement. Roman de l'aviation dans la lignée de Kessel ou Saint-Exupéry, *L'Espoir* multiplie **les scènes en plongée** qui insistent sur la petitesse de l'homme :

> Vus des avions, les camions semblaient fixés à la route, tels des mouches à un papier collant [...] Scali voyait distinctement les points blancs des turbans maures[1].

Malraux est également attentif à **l'éclairage** et à **la sonorisation**. Concernant **la composition visuelle**, il s'applique dans une ambiance nocturne à projeter des taches de lumière qui vont retenir l'attention. Ainsi, quelques grandes scènes de *La Condition humaine* sont assujetties à ce dispositif qui frappe l'imaginaire. Pour la chambre de Tang-Yen-Ta, se découpent dans l'ombre, le rideau de mousseline et le rectangle éclairé de la fenêtre. Plus dynamique est l'utilisation de la lumière dans la scène de l'attentat. Si Tchen a attendu longuement dans une atmosphère de brume où les signes se perdent, l'arrivée de la voiture est traduite par une luminosité intense ainsi qu'une brutale irruption du mouvement : « *Les phares seuls sortaient de la brume. Presque aussitôt, précédée de la Ford de garde, la voiture entière en jaillit*[2]. » La sonorisation entre aussi en jeu. Pour traduire l'exaltation de « L'Illusion lyrique », le romancier mentionne : « *les chahuts de camions* », « *le bruit des chants et des crosses de fusil* ». Cependant, Malraux saura faire un usage plus signifiant des bruits dans l'attaque du train blindé, qui clôt la deuxième partie de *La Condition humaine*. D'un côté, les trois héros ; de l'autre, les soldats dans le train. Tous écoutent les rumeurs de la rue pour savoir quel parti va recevoir des renforts : le protagonistes perçoivent successivement des cris, des piétinements, des acclamations. Rien n'est vu ; il revient à chacun d'eux

---

1. *L'Espoir*, p. 86.
2. *La Condition humaine*, p. 196.

d'analyser ces signes, dont dépend leur destin. La tension dramatique est ici obtenue par l'élimination du visuel, et l'orchestration de l'auditif. Malraux utilise savamment ces techniques cinématographiques.

Une suite d'images constitue un plan, c'est-à-dire une prise de vue effectuée sans interruption. La séquence, elle, est une unité plus grande : c'est une suite de plans qui forme un ensemble, élément constitutif de l'action ou de l'histoire racontée. La caméra peut se déplacer diversement. Dans le travelling, placée sur un chariot, elle glisse sur des rails. Chez Malraux, il n'est pas rare que le romancier suive un personnage dans sa marche. Dans le panoramique, la caméra pivote sur un axe et accomplit un mouvement horizontal ou vertical. Les scènes d'aviation utilisent cette technique pour donner un aperçu de ce que le regard peut embrasser. Par-delà sa fonction poétique, cette vision d'en haut renforce la méditation philosophique sur l'ordonnancement du monde :

> L'avion qui tournait, comme une minuscule planète, perdu dans l'indifférente gravitation des mondes, attendait que passât sous lui Tolède, son alcazar rebelle et ses assiégeants, entraînés dans le rythme absurde des choses terrestres[1].

Deux techniques cinématographiques peuvent se trouver conjointes telles que la plongée et le panoramique, mais leur utilisation n'est jamais gratuite.

D'une section de l'ouvrage à l'autre, Malraux est aussi vigilant aux procédés de liaison. Familier de l'ellipse* au niveau de l'écriture, il adopte le montage « cut », soit le passage sans transition d'une scène à une autre, ce qui implique souvent une rupture de rythme. Dans la troisième partie des *Conquérants*, à la date du 8 août, est mentionnée cette seule nouvelle : « *Hong a été arrêté hier soir*[2]. » Suit un blanc, puis un paragraphe qui expose l'attitude des Anglais. Cette manière d'isoler la nouvelle, comme le ferait un titre de journal, lui donne toute son importance.

La technique de la surimpression s'exprime dans le fondu-enchaîné : cette fois, la surimpression se prolonge jusqu'à une image précise. Un exemple très net s'inscrit dans *Les Conquérants* de part et d'autre d'une indication temporelle : « *Le lendemain, 11 heures*[3]. » Avant cette notation, Garine travaille au discours qu'il prononcera aux funérailles de Tcheng-Daï ; après, Malraux décrit la musique accompagnant le cortège funèbre.

1. *La Condition humaine*, p. 124.
2. *Les Conquérants*, p. 231.
3. *Ibid.*, p. 221.

De même, à la fin du premier chapitre de *L'Espoir*, un haut-parleur divulgue des informations sur Barcelone ; le chapitre suivant s'ouvre sur l'aube à Barcelone. En dehors de ces procédés de liaison, le romancier peut se livrer à un montage alterné, technique qui sera poussée à son extrême par Sartre dans *Les Chemins de la liberté* : sont montrées des actions qui se déroulent au même moment dans des endroits différents. Dans la cinquième partie de *La Condition humaine*, moment où l'action se précipite avant les différentes arrestations, Malraux présente successivement Clappique à la roulette, Kyo et May l'attendant au Black-Cat, Hemmelrich et Katow évoquant la répression imminente. Ce montage a pour but de resserrer l'action, de dramatiser, de rendre le Destin perceptible.

Sans qu'il y ait dépendance du romancier par rapport aux conquêtes du septième art, il semble que Malraux, consciemment ou non, soit imprégné par un mode de vision, qui est très certainement pictural, qui peut être aussi cinématographique, le cinéma apportant le mouvement, la dynamique, dont son art est épris.

3. Le style

Le travail du romancier porte sur deux éléments formels : **la composition et l'écriture**. Dans l'article de *Verve*, paru en juin 1938, Malraux circonscrit la notion de style :

> La possession parfaite de la vie par l'artiste, c'est d'éliminer des formes ce à quoi il ne peut donner sens, d'isoler celles qu'il peut en charger et d'ordonner ces significations. Un style est la réduction du monde à une signification particulière[1].

Il dira même du style qu'il est « *un système de signification* ». Si les structures des différents romans ont eu tendance à se compliquer, le style a-t-il suivi la même évolution ? Ayant réfléchi sur maints auteurs, médité sur quantité d'artistes, Malraux aborde la notion de style comme un système englobant des marques caractéristiques et récurrentes. Ces formes personnelles, significatives sont appelées « *schèmes* ». Le schème* est ce qui permet de reconnaître le traitement d'un thème par un artiste. Certains schèmes sont dominants au point de devenir la caractéristique d'une facture ou d'une écriture : ainsi, la lumière chez Monet, le clair-obscur chez Vinci. Certains schèmes peuvent entrer en conflit, et leur alliance va engendrer un

---

1. *In* : *Verve*, n° V, p. 71.

équilibre subtil. La conjonction de tous les schèmes définit un style. Quels sont en conséquence **les schèmes malruciens** ? Dans quelle mesure ce style est-il signifiant ?

Une première tendance de cette écriture semble se placer sous le signe de la rupture. La discontinuité impose au lecteur une vigilance accrue pour maintenir la cohérence du sens. Le néophyte qui découvre le cycle asiatique est sensible à ce mode d'être haletant, nerveux, saccadé, dans lequel il n'est pas de pause, ni de respiration. Qui ne reconnaîtrait cette phrase dense, volontiers confuse ou tortueuse, qui peut atteindre l'irrespirable ou s'élever à un dépouillement extrême ? La violence ne réside pas seulement dans les affrontements entre les hommes, mais dans le mode de transcription de cette violence. L'image frappe par sa vigueur et sa fugacité. Une voiture va-t-elle s'écraser contre un mur ? « *Des débris noirs au milieu des taches de sang — une mouche écrasée sur un mur*[1]... » Cette impression de densité ne provient pas uniquement du tempérament de l'auteur, elle est cultivée par l'élaboration du manuscrit. Ainsi, sur les ébauches de la première partie de *La Voie royale*, Malraux, réduisant les descriptions, coupant les discussions, ne conserve que la moitié des pages.

Cet **art de la rupture** se fonde sur une grande économie de moyens : non pas surajouter les effets, les multiplier, mais les concentrer. Au sortir du capotage d'un avion, le romancier dresse le bilan, à la manière d'un journaliste :

> Trois blessés, trois morts, dont Marcellino : six, il manquait un mitrailleur. C'était Jaime, qui descendit bien après les autres. Les mains en avant, qui tremblaient, et un camarade pour le guider : une balle explosive à la hauteur des yeux. Aveugle[2].

Le mode de présentation fait vivre l'événement en direct ; explications et détails sont gommés au profit de l'intensité dramatique. Dans l'écriture romanesque, Malraux lutte contre la dispersion : se fait jour le souci du resserrement de l'action comme de la proposition. Ce travail d'épuration ne reflète pas seulement l'exigence du romancier ; dans la préface d'*Indochine S.O.S.* d'André Viollis, publiée en 1935, Malraux énonce que l'ellipse* pourrait devenir la pierre de touche de l'art moderne :

1. *L'Espoir*, p. 21.
2. *Ibid.*, p. 138.

> La volonté de vérité retrouve sa force depuis qu'on voit comment l'artiste peut employer le monde réel, depuis qu'à l'art qui reposait sur la métaphore se substitue l'art qui repose sur l'ellipse[1].

Par opposition à Proust, pour qui la métaphore fonde un monde analogique, Malraux est, par l'entremise de l'absurde, attaché à **une vision du monde et à une esthétique de la déchirure**. L'univers de Malraux porte les stigmates* d'une rupture : rupture entre l'homme et dieu, entre l'homme et le monde. L'ellipse* n'est-elle pas chargée de représenter ce vide, ce manque qui engendre la ruine des valeurs ? De la discontinuité à l'ellipse*, les schèmes* malruciens obéissent à un rythme précipité, définissant une écriture du tragique, parce qu'elle se confronte viscéralement au destin.

Comme pour compenser cette déchirure, ce discours qui semble conquis sur le vertige existentiel, le romancier va tisser tout un jeu de correspondances et d'identités. L'écriture malrucienne repose sur une incantation* voilée, dont la base est **la répétition**. Ce procédé peut s'appliquer à un mot, à une image, à un thème. Dans le premier chapitre de *L'Espoir*, un motif revient comme un leit-motiv, motif visuel qui tend à donner une unité d'atmosphère à ces premières pages de « L'Illusion lyrique ». Le vol des pigeons ponctue l'engagement de l'action. La première fois, ils apparaissent victimes des hommes : « *sous un vol de pigeons clairs dont beaucoup retombèrent*[2]. » Ultérieurement, ils sont entrevus libres, dominant les scènes de rues : « *les ombres des pigeons qui volaient en rond* » ; « *Un grand cercle de pigeons habitués au chahut quotidien tournait au-dessus de l'avenue.* » ; « *le vol des pigeons juste en train de changer de couleur en même temps que de direction.* » jusqu'à ce qu'ils ne soient perçus qu'auditivement : « *Le silence de la place fut tel qu'on entendit le vol des pigeons*[3]. » La récurrence de l'image donne une dimension de verticalité et situe l'action sur les plans terrestre et céleste. Ce battement d'ailes, porteur de liberté, image l'enthousiasme qui soulève les passions.

Le phénomène de répétition pourra atteindre des proportions inattendues. L'épisode de la Vistule des *Noyers de l'Altenburg*, qui se retrouve au début de *Lazare* représente 70 pages sur les 253 que Malraux consacre à cette méditation sur la mort. Ici, la répétition s'impose sur un

---

1. Cité par R. Stéphane, *André Malraux, entretiens et précisions*, p. 70.
2. *L'Espoir*, p. 17.
3. *Ibid.*, p. 19, 21, 22, 24.

plan psychique. Au moment où Malraux est confronté à l'expérience de la mort, cet épisode de la première guerre mondiale vient témoigner de deux visages de l'homme : ignominie et duplicité, auxquelles s'opposent les vertus de la solidarité. Par ailleurs, les deux fragments, insérés dans des contextes différents, vont se teinter d'une autre coloration. Dans le roman, le Colloque avait à débattre du statut d'être homme et l'épisode de la Vistule incarnait la réfutation et l'illustration de ce devoir-être ; dans l'essai autobiographique, Malraux recherche au nom de quelle valeur, il pourrait, à l'image de Lazare, ressusciter. Se chargeant d'une amplitude philosophique et esthétique autre, le fragment atteint la plénitude de sa signification par l'insertion dans l'œuvre. A ce degré, la répétition n'est-elle pas recréation ?

En associant les tensions de rupture et le rêve d'unité, Malraux parvient à la métamorphose, qui deviendra un des fondements de son esthétique. Le témoignage le plus explicite reste le travail du manuscrit qui livre le flux spontané de l'écriture comme les repentirs et les conquêtes du style. Comparant les différents états du roman qui valut à Malraux le prix Goncourt, Christiane Moatti dégage toute une poétique[1]. Le manuscrit révèle le difficile équilibre entre le langage dont chacun jouit, et le style qui représente l'émergence de la spécificité.

Cette métaphore du recommencement si présente dans les dernières pages des *Noyers de l'Altenburg* qui évoquent une manière de renaissance au sortir d'une expérience tragique, se manifeste également dans le ressourcement du discours.

Après 1945, Malraux renonce au roman. il consacre l'essentiel de son énergie à la méditation sur l'art. Esquissée dans des articles contemporains des romans, cette réflexion prend tout son essor entre 1951, date où paraît *Les Voix du silence*, et 1976, lorsqu'est publié *L'Intemporel*, dernier tome de *La Métamorphose des Dieux*. Théoricien des arts plastiques, Malraux s'intéresse parallèlement à l'autobiographie. Il complétera les *Antimémoires* par un second volume paru en 1976 : *La Corde et les souris*. Cet ensemble constituera *Le Miroir des limbes*. Après sa mort, le public aura accès en 1977 à ses réflexions sur la littérature, à travers *L'Homme précaire et la littérature*. En 1996, est paru un inédit *Le Démon de l'absolu*, essai biographique sur l'aventurier Lawrence.

1. C. Moatti, *La Condition humaine d'André Malraux, Poétique du roman*, p. 100.

L'ŒUVRE À L'EXAMEN

I. LA LECTURE MÉTHODIQUE

La Voie royale, III.1, p. 108-109 (Livre de Poche).

La nuit tout à fait venue plongeait jusqu'aux plus lointaines terres de l'Asie, rétablie avec le silence sur les solitudes. Au-dessus du petit bruit des feux, les voix des deux indigènes montaient, claires et monotones mais sans portée, prisonnières ; tout près d'eux, un solide réveille-matin battait avec précision le silence sans fin de la brousse. Plus que les feux, plus que les voix, ce tic-tac rattachait Claude à la vie des hommes, par sa constance, par sa netteté, par ce qu'a d'invincible tout objet mécanique. Sa pensée émergeait, mais nourrie des profondeurs dont elle s'échappait, dominée encore par la puissance du surnaturel qui montait de la nuit et de la terre brûlée, comme si tout, jusqu'à la terre, se fût imposé de le convaincre de la misère humaine.

– Et l'*autre* mort, celle qui est en nous ?

– Exister contre tout cela (Perken montrait du regard la menaçante majesté de la nuit), vous comprenez ce que cela veut dire ? Exister contre la mort, c'est la même chose. Il me semble parfois que je me joue moi-même sur cette heure-là. Et peut-être que tout va se régler bientôt par une flèche plus ou moins dégoûtante…

– On ne choisit pas sa mort…

– Mais d'accepter même de perdre ma mort m'a fait choisir ma vie.

La ligne rouge qui suivait l'épaule bougea : sans doute avait-il avancé la main. Geste infime, comme cette petite tache humaine aux pieds perdus dans l'ombre, avec sa voix saccadée dans l'immensité pleine d'étoiles. Cette voix seule, entre le ciel éblouissant et la mort et les ténèbres, venait d'un homme, mais avec quelque chose de si inhumain que Claude se sentait séparé d'elle comme par une folie commençante.

– Vous voulez mourir avec une conscience intense de la mort, sans… faiblir ?…

– J'ai failli mourir : vous ne connaissez pas l'exaltation qui sort de l'absurdité de la vie, lorsqu'on est en face d'elle comme d'une femme dé…

Il fit le geste d'arracher.

– déshabillée. Nue, tout à coup…

Claude ne pouvait plus détacher son regard des étoiles :

– Nous manquons presque tous notre mort…

– Je passe ma vie à la voir. Et ce que vous voulez dire — parce que, vous aussi, vous avez peur — est vrai : il se peut que je sois moins fort que la mienne. Tant pis ! Il y a aussi quelque chose de… satisfaisant dans l'écrasement de la vie…

– Vous n'avez jamais songé réellement à vous tuer ?

– Ce n'est pas pour mourir que je pense à ma mort, c'est pour vivre.

Cette tension de la voix n'était celle d'aucune autre passion : une joie poignante, sans espoir, comme une épave tirée de profondeurs, aussi lointaines que celle de l'obscurité.

Introduction

La troisième partie du roman correspond à la progression à travers la forêt : les aventuriers, à la recherche de Grabot, atteignent les pays insoumis. A présent, ils se heurtent à deux types d'obstacles : la nature et les hommes. La scène qui se déroule entre Claude et Perken prend place dans une clairière, la nuit. C'est donc un temps de pause, propice à la réflexion et Malraux jouera alternativement sur des phases descriptives et des échanges de dialogue entre les protagonistes. Que révèle cette confrontation, placée au cœur de l'œuvre ?

A. Le cadre de la narration

1. La nature

Malraux évoque la présence de la terre — « *terre brûlée* » — et emploie des termes plus spécifiques, tels que « *la brousse* ». Il suggère surtout un espace, l'idée d'immensité par des formules récurrentes : « *jusqu'aux plus lointaines terres de l'Asie* », « *profondeurs aussi lointaines* ». Si la première expression relève de l'exotisme et d'une volonté de dépaysement, la seconde traduit un mystère qui peut infléchir les hommes, soit vers le recueillement, soit vers le pressentiment d'une menace.

2. La présence des hommes

Elle est perceptible grâce à la voix des deux indigènes, qui constitue un fond sonore. Ces voix sont qualifiées de « *prisonnières* » et « *sans portée* » ; par là, le romancier souligne la petitesse de l'homme par rapport à la nature et met en place la métaphore de la capture et du piège.

Outre les silhouettes des indigènes, deux indices aident à déceler la présence de l'homme : un indice « sauvage », un indice civilisé. Du côté de l'homme sauvage, le feu qui éloigne les animaux, permet de se chauffer, de s'éclairer, de cuire les aliments ; le feu, indice d'un début de civilisation, d'après Lévi-Strauss. Le feu, à lui seul, est présence : il apporte à la scène le bruit — « *petit bruit des feux* » et la couleur — « *la ligne rouge* ». Il confère également au tableau l'opposition tragique du rouge et du noir, puisque c'est une scène nocturne, ainsi que l'ambivalence symbolique de la vie — par le rayonnement — et de la mort — par la destruction. Le second indice, étonnante trace d'un monde civilisé, est le réveille-matin. Objet qui semble déplacé dans ce milieu, il scande le temps, comme le ferait un métronome ; son « *tic-tac* » rythme le temps objectif, phénomène que le romancier essaie de traduire par le mouvement ternaire : « *par sa constance, par sa netteté, par ce qu'a d'invincible tout objet mécanique* ».

Cette description contribue à la mise en place des éléments sonores : bruits et voix, ainsi que des données visuelles : lumière et ombre, rouge.

3. La nuit

C'est un thème de prédilection du roman malrucien. Le lecteur assiste à un redoublement des signes : au mystère de la nature, s'ajoute l'énigme de la nuit. S'ouvrant sur « *la nuit tout à fait venue* » et se refermant sur « *l'obscurité* », l'extrait se trouve inséré dans un cercle d'ombre. L'évocation de la nuit donne lieu à des mouvements de verticalité qui contrastent avec l'horizontalité de la terre : à la verticalité descendante de « *la nuit plongeait* », répond l'ascension de « *la puissance du surnaturel qui montait de la nuit* ».

Ce fond obscur va susciter des jeux de contraste entre ombre et lumière, antithèses qui retiendront longuement Malraux dans ses commentaires de tableaux de Rembrandt, par exemple. Sur les ténèbres, le romancier va inscrire « *l'immensité pleine d'étoiles* », « *le ciel éblouissant* » jusqu'à ce que cette contemplation devienne fascination : « *Claude ne pouvait plus détacher son regard des étoiles* ». Cependant, cette opposition de la clarté et de l'ombre va se charger de l'intensité du dialogue : Claude se tourne vers l'idéal, tandis que Perken, qui vient de méditer sur la vieillesse, entre progressivement au royaume de l'ombre.

Source de contrastes, la nuit sert aussi à créer une atmosphère. Le langage va s'élever à l'usage poétique des substantifs pluriels : l'immensité où l'homme se perd dans cette méditation quasi pascalienne est suggérée tour à tour par « *les solitudes* » ou « *les profondeurs* ». De cet univers sans limite, émane une magie, « *puissance du surnaturel* », qui va bien au-delà des dimensions humaines.

Le cadre a ainsi une valeur descriptive : du point de vue de la couleur, Malraux travaille par antithèses — ténèbres/lumière, rouge/noir — ; pour les sons, il joue sur la superposition et l'imbrication — feux, réveil, voix. Le cadre, par ailleurs, implique déjà un réseau de significations : un débat se noue entre la circularité — clairière, voix prisonnières — et la verticalité — entre ciel et terre. La circularité ne désigne-t-elle pas la condition de l'homme pris au piège de la finitude, et la verticalité, son aspiration à l'idéal ?

B. L'échange entre les protagonistes

1. Les conditions de la prise de parole

Considéré comme un texte théâtral, ce fragment comporterait quantité de didascalies*. Elles s'insèrent dans des parenthèses : « *montrait du regard* » explicite « *cela* » ; elles font parfois l'objet d'hypothèses : « *sans doute avait-il avancé la main* » ; elles peuvent enfin être redondantes par rapport à la parole : la notation « *il fit le geste d'arracher* » montre que Perken vit la scène et ce mime imaginaire accroît sa force de persuasion. Il est clair que la communication passe par le regard et par la main, mais que les personnages ne se touchent pas réellement, chacun étant enfermé dans sa solitude.

A part les gestes, la voix va se révéler l'instance majeure de l'échange et il n'est pas besoin de rappeler quelle importance Malraux accorde à la voix, puisqu'il poussera le paradoxe jusqu'à écrire *Les Voix du silence.* De la voix de Perken, Malraux retient d'abord le rythme — « *sa voix saccadée* » — et dans la voix gît tout le paradoxe du personnage : l'opposition entre « *venait d'un homme* » et « *quelque chose de si inhumain* » souligné par l'intensif, dénonce le divorce qui s'institue entre l'homme et le monde, puis à l'intérieur même de Perken. La comparaison « *comme par une folie commençante* » vécue subjectivement par Claude a pour fonction de montrer l'étrangeté radicale de l'autre, sa marginalité absolue. Ici affleure l'incommunicable. Enfin la dernière remarque essaie de transposer la coloration et le timbre de la voix : l'oxymore* « *joie poignante* » essaie de fixer l'ambivalence du destin de Perken.

2. L'émergence du dialogue

Les rôles sont d'abord clairement définis. Claude pose les questions : la première par le biais d'une phrase nominale — « *Et l'autre mort...* » — la seconde par une affirmative sous forme de question — « *Vous voulez mourir... ?* » — la dernière par une négative interrogative — « *Vous n'avez jamais songé... ?* » Doté du statut de confident, Claude accouche son ami d'une vérité, de sa vérité. Toutes les questions portent sur la mort, y compris le suicide, important chez Malraux, aussi bien dans sa vie que dans son œuvre. Dans son rôle d'accoucheur, Claude intervient également pour prolonger la méditation : à la vérité générale — « *On ne choisit pas sa mort* » — il substitue — « *Nous manquons presque tous notre mort* ». Cette fois, il s'inclut, manifeste qu'il est concerné. Cette identité au cœur de la condition de l'homme est ce qui réunit les deux protagonistes. Il devient évident que Perken représente pour Claude comme un père, une figure de modèle ou d'archétype, qui l'aide à se construire.

Le dialogue s'avère difficile. A la différence de Claude, Perken est toujours impliqué : « *Il me semble que je me joue moi-même* », « *m'a fait choisir ma vie* » « *j'ai failli, je passe, je pense* ». Cette cristallisation sur sa propre vie témoigne d'un mouvement d'introspection. L'appel à l'autre devient effectif à travers des incises — « *vous comprenez ce que cela veut dire* », « *vous ne connaissez pas* » — ou des formules d'approbation — « *ce que vous voulez dire est vrai* ». La marque la plus importante réside dans la construction de l'identité — « *vous aussi, vous avez peur* ». Outre le jeu des pronoms, la ponctuation révèle la difficulté qu'éprouve Perken à se dire, et Claude à le rejoindre. Nombreux sont les points de suspension qui prolongent la rêverie, l'imaginaire. Le cas le plus intéressant est la césure qui coupe l'adjectif « *déshabillée* », difficulté de formuler ou d'avouer, qui lie l'érotisme à la mort, intuition reprise par Tchen dans *La Condition humaine*.

Ainsi, l'importance du silence et du non-dit rejoint l'ombre dans laquelle baignaient les personnages.

C. La condition de l'homme

1. La réflexion sur la mort

Il s'agit là de l'une des constantes de la création de Malraux qui plonge le lecteur dans un univers tragique. Au décor nocturne, aux « *ténèbres* », s'ajoute une méditation sur la mort. Le dialogue s'engage abruptement sur « *l'autre mort* » ; dans le paragraphe précédant l'extrait, Perken s'était posé la question de savoir si le suicide signifiait pour lui destruction ou bien action, c'est-à-dire affirmation d'une liberté. L'autre mort ne peut être que la mort subie, celle qui ne dépend pas de la volonté, et plus particulièrement, « *celle qui est en nous* », soit le vieillissement, la déchéance. Par rapport à cette éventualité de la déchéance, les deux personnages prennent position : Perken évoque fugitivement « *l'écrasement de la vie* », ce qu'il subira comme épreuve par la blessure au genou qui s'infectera ; quant à Claude, il réussit à définir son idéal, celui qui correspond à « l'aventurier-roi » : une mort consciente dans la dignité.

Le mot « mort » étant ambigu, Malraux évacue ici toute interrogation sur l'au-delà : la mort n'est pas envisagée comme état, et il est plus que vraisemblable que les personnages ne croient pas à une autre vie. Ce qui compte pour eux, c'est la mort comme passage, comme transition d'un état à un autre. Et Perken d'affirmer : « *Je me joue moi-même sur cette heure-là* ». A la manière de Clappique, dans *La Condition humaine*, il semble jouer avec le destin. Dans l'imaginaire, il se constitue spectateur et témoin de sa propre mort : « *je passe ma vie à la voir* » et émet des doutes quant à sa capacité de résister à l'épreuve. Le trait le plus caractéristique des premiers romans de Malraux se concentre dans l'assertion* : « *Ce n'est pas pour mourir que je pense à ma mort, c'est pour vivre* ». L'existence paraît construite à rebours, c'est la conscience de sa condition mortelle et bornée qui permet à l'homme d'appréhender le plus justement son éphémère passage sur la terre.

2. La conception de la vie

Le dialogue s'ouvre sur une profession de foi de Perken : « *Exister contre tout cela* ». Le pronom démonstratif « *cela* » désigne la nature et ses pièges, éventuellement les indigènes, soit toutes les formes d'obstacles. Avec l'équivalence « *Exister contre la mort* », Malraux réunit tous les déterminismes qui nuisent à l'élaboration de la vie. Cette dernière doit se construire à partir de l'absurde, contre lui.

Au cours de cette conversation, il est plus parlé de la mort que de la vie. L'oxymore* « *joie poignante* » laisse penser que Perken ne fait plus partie des « aventuriers-rois », mais comme Grabot des « aventuriers-épaves ».

Conclusion

Cette méditation au cœur du livre apporte un éclairage sur les personnages : la confidence fait alterner des moments de compréhension intime, mais aussi de solitude, de différence radicale. Malraux poursuit dans cette page le portrait de l'aventurier, dont les traits saillants seraient la conscience, le courage et la dignité. Enfin, selon une perspective athée, la condition de l'homme est appréhendée en termes de limites : c'est de la prise de conscience de l'absurdité que pourra naître la quête du sens.

II. LA DISSERTATION

> « *Bien que chaque paragraphe d'un roman affirme, tout grand roman interroge* ». Cette conception du roman que Malraux fait valoir dans son essai *L'Homme précaire et la littérature* vous semble-t-elle s'appliquer au(x) roman(s) que vous avez lu(s) ?

Introduction

Cette définition de l'esthétique romanesque repose sur un paradoxe : Malraux joue sur l'opposition entre « *affirmer* » et « *interroger* ». L'essentiel réside dans l'interrogation.

C'est une conception moderne du roman : elle paraît impensable au XIXe siècle. Le roman balzacien se veut véhicule d'idées, il formule des messages. C'est une conception représentative de Malraux qui fut surnommé « L'homme de l'interrogation ». Malraux s'interroge dans tout ce qu'il écrit ; c'est sa manière d'être au monde. De plus, il apprécie les artistes qui posent des questions.

Quelles sont, dans ses romans, les modalités et la fonction de l'interrogation ?

A. L'origine de l'interrogation (Qui s'interroge ?)

Trois sources de questionnement peuvent se manifester : le personnage, le narrateur, l'auteur.

1. Le personnage

Il peut se livrer à des interrogations ponctuelles ou essentielles.

Interrogations ponctuelles

S'interroger pour agir

L'enchaînement des actions étant généralement rapide, le personnage ne dispose que de peu de temps pour opter pour tel ou tel parti. Cette interrogation peut correspondre à une prise de conscience brutale : après l'échec de la première bombe, Tchen décide un nouvel attentat. (C.H. IV.2) Elle peut être l'objet d'un véritable dilemme et rejoindre par là la structure tragique : en tant que responsable communiste, Manuel doit décider du sort de républicains qui ont déserté. Ou il leur laisse la vie sauve au nom de ce qu'ils ont déjà fait pour le triomphe de leur parti, et dans ce cas la désertion risque de s'accroître ; ou il les condamne, et il affaiblit ses rangs, pouvant même encourir l'incompréhension de ses partisans. (E.II.2.11)

S'interroger en agissant

En général, la pensée suspend l'action. Elle peut intervenir pour des raisons de stratégie afin d'obtenir une plus grande efficacité : dans la première scène de *La Condition humaine,* Tchen ne sait quelle arme — rasoir ou poignard — employer pour tuer Tang-Yen-Ta. Le plus souvent, elle entre en rivalité avec l'action, au point de la paralyser : lors de ce premier meurtre qui a une valeur initiatique, Tchen se demande s'il est capable de tuer un homme endormi. Des raisons morales viennent entraver sa mission politique.

S'interroger après avoir agi

Les conséquences de l'action n'en demeurent pas moins sources de réflexion. Malraux emprunte ce prolongement moral de l'action à un de ses maîtres, Dostoïevski. De telles phases d'interrogation montrent assez qu'il ne s'agit pas seulement d'un roman d'action. Après le meurtre, Tchen se rend chez Gisors, son maître spirituel, et au cours de l'entretien, recherche ce qui l'a si profondément troublé ; avec l'aide de son interlocuteur, il met à jour la correspondance entre le crime et l'acte sexuel, au point qu'il s'avoue avoir éprouvé, malgré l'écœurement, du plaisir. Grâce à cette introspection, il comprend que c'est surtout vis-à-vis de lui-même qu'il a ressenti peur et dégoût. (C.H. I.5)

Interrogations essentielles

S'interroger sur ses choix

Puisque la vie se compose d'une succession de décisions, le personnage malrucien étant généralement conscient se pose la question de la légitimité ou du bien-fondé de ses engagements. Ce type de questionnement intervient chez des personnages lucides, qui détiennent un certain pouvoir et assument leurs responsabilités. C'est le cas de Garine (C.), de Kyo (C.H.), de Manuel, Garcia ou Magnin (E.).

S'interroger sur sa capacité à surmonter une épreuve

C'est un critère décisif, quant à l'estime de soi et à la reconnaissance d'autrui. Il permet de départager le héros qui triomphe de l'obstacle, de l'anti-héros. Pour franchir la difficulté, sont nécessaires l'intelligence et le courage. Lors du combat de chars, qui clôt *Les Noyers de l'Altenburg*, c'est par la ruse et l'entêtement que les soldats prisonniers de la fosse parviennent à s'extraire du piège et à recouvrer la liberté. Cependant, le courage peut manquer à des individualités qui ont déjà fait preuve de vaillance. Chargé de bombarder une colonne fasciste, Leclerc, pris dans un tir ennemi, rentre à la base sans avoir lâché ses bombes. (E. II.1.4) Il est possible aussi que certains tempéraments soient plus aptes à surmonter telle ou telle épreuve. Si Perken affronte courageusement la maladie et la mort, son impatience et son refus de l'humiliation laissent penser qu'il aurait mal supporter la vieillesse (V.R.).

2. Le narrateur

Ce point de vue ne concerne que le premier et le dernier roman. Dans chacun d'eux, le « je » du narrateur est à la recherche d'une vérité, il veut comprendre dans les deux sens du terme, c'est-à-dire saisir intellectuellement et recueillir, rassembler. Il dispose de documents à partir desquels il est chargé d'établir une version des faits. Dans *Les Conquérants*, le narrateur est impliqué dans l'action, alors que le « je » des *Noyers*, pris au piège de l'Histoire, s'implique par l'écriture.

S'interroger sur le passé

Les deux narrateurs éprouvant des difficultés à interpréter l'actualité se tournent, le premier vers un passé récent, le second vers les générations qui le précèdent pour démêler une succession d'événements complexes. Pour *Les Conquérants*, le dialogue s'effectue entre un passé connu, par l'entremise de flashes-back, et une actualité imprécise. Le narrateur des *Noyers* se réfère à des souvenirs : par la mémoire, il convoque l'histoire du père.

S'interroger sur ce qui est vécu

Les narrateurs ne font pas un travail d'historien ; leur souci est d'élucider ce qu'ils ont à vivre. Plus qu'un personnage à part entière, le narrateur des *Conquérants* a un double statut de témoin et de trait d'union entre les protagonistes : par ses multiples déplacements, il permet de mettre en rapport les véritables acteurs du drame. Quant aux *Noyers de l'Altenburg*, le narrateur est un lieu de convergence de toutes les intrigues, une sorte de creuset où se rassemblent les figures. Il n'incarne pas un regard, mais une conscience. D'un narrateur à l'autre, l'exigence s'est approfondie. Ce qui pouvait être considéré dans le premier roman comme une facilité sur le plan de la technique romanesque, devient dans le dernier une métaphore de l'artiste lui-même. Le narrateur des *Noyers* s'engage dans une double quête : il témoigne de l'Histoire, en même temps qu'il tisse sa propre histoire. Ses questions sont celles de tout artiste : comment rendre compte de ce qui a eu lieu ?

3. L'auteur

Au même titre que ses œuvres autobiographiques, le roman semble pour Malraux un lieu d'interrogation sur ses propres angoisses. Bien que les résonances de la vie personnelle soient assez rares dans le roman malrucien, à l'exception des *Noyers de l'Altenburg*, chaque récit pourrait être comparé à un miroir, dans lequel se retrouvent des questionnements proches de l'obsession. Cependant, ce système de reprise implique-t-il un ressassement, ou laisse-t-il entrevoir une dynamique, donc une progression ?

Les questions récurrentes

La somme romanesque présente sans conteste un ensemble d'obsessions propres à Malraux. Les interrogations sur l'existence, sur la mort, sur l'action interviennent sans relâche. De ce point de vue, il semble même possible de discerner un relais entre les personnages d'une œuvre à l'autre. Perken (V.R.) hérite de Garine (C.) la réflexion sur l'absurde, tandis que ce même Garine transmet à Ferral (C.H.) le mythe de la volonté de puissance. Hong (C.) et Tchen (C.H.) s'interrogent sur le terrorisme ; Kyo (C.H.) et Garcia (E.) sur l'efficacité de l'action. De Gisors (C.H.) à Alvear (E.) se poursuit la méditation sur la condition de l'homme. Nul doute que l'œuvre romanesque constitue une somme d'interrogations et en aucune manière, le dernier roman ne met un point final à ces questions qui trouveront leur prolongement dans les essais esthétiques.

La dialectique entre les questions

Ressassement à l'image de Grabot tournant en rond, ou vérité qui se construit progressivement ? Selon le moment où le récit a été rédigé, certaines questions prédominent : L'absurde occupe davantage les premiers récits ; la méditation s'accroît dans les derniers. Une même source d'interrogation peut susciter des approches différentes : ainsi, la réflexion sur l'action tend à mûrir. Les premiers romans consacrent beaucoup de pages à expliciter les causes de la Révolution et les finalités de l'engagement ; les derniers posent le problème des moyens d'action : dans *L'Espoir*, c'est l'efficacité qui est débattue, dans *Les Noyers de l'Altenburg*, c'est de l'humanité ou de la barbarie qu'il est question. A mesure que l'œuvre se compose, l'interrogation est formulée de plus en plus clairement, de plus en plus consciemment. Elle fait l'objet d'un véritable débat.

De toute évidence, à travers les trois instances narratives — personnage, narrateur, auteur —, le lecteur est amené à s'interroger.

• Il peut vivre cette situation inconfortablement : « Le livre dérange. »

• Il peut reconnaître certaines de ses questions, en découvrir de nouvelles, et ainsi progresser dans son cheminement intérieur par la pluralité des points de vue.

B. Les modalités de l'interrogation (Comment interroger ?)

Bien que chaque paragraphe affirme, tous les éléments qui composent le roman peuvent devenir sources d'interrogation. Comment l'écriture et la composition contribuent-elles à déstabiliser le lecteur ?

1. L'écriture

Le mot

Il semblerait *a priori* que tout le monde soit d'accord sur l'utilisation des termes dans la phrase. Or, bien des scènes montreraient que même entre gens qui se connaissent et s'estiment, les mots ne sont pas compris semblablement. Sans être un spécialiste de la méprise comme Marivaux ou Kundera, Malraux suggère que la subjectivité qui se cristallise autour de certains mots, que le pouvoir de connotation instituent des différences qui menacent l'entente entre les individus. Sur les concepts d'amour et de fidélité, *La Condition humaine* jette un éclairage intéressant : aux yeux de Kyo, May est infidèle, de par la trahison du corps, mais le lecteur de la dernière scène du roman ne peut-il penser que May, en poursuivant la lutte, ne trahit aucunement la mémoire de Kyo. Qu'est-ce donc qu'être fidèle ? Ce malentendu qui divise un couple peut aussi séparer les partisans d'une même cause. Dans *L'Espoir*, le mot Révolution qui anime tous les cœurs est à la fois celui qui rassemble et celui qui institue une fêlure. Alors que les communistes recherchent l'aboutissement de leur action, les anarchistes n'acceptent pas de demi-mesure : ils veulent vivre pleinement ou mourir. Finalement, plus les mots sont chargés d'histoire et de symboles, plus ils engendrent de malentendus, donc de déchirements.

La phrase

La syntaxe

Le rythme saccadé et heurté de la narration crée une atmosphère angoissante, dans laquelle les actions se précipitent. Cette écriture haletante, aux phrases syncopées, traduit des états d'âme torturés. Un peu comme la musique de Schumann, la phrase de Malraux se fait oppressante, au point qu'il est difficile de respirer. Avec brutalité, le verbe agresse et se retire.

La rhétorique

Quelques figures parmi les plus fréquemment employées vont soutenir ce pari de l'urgence et de l'exaltation. Première volonté : faire court, faire dense. C'est l'ellipse*. Second objectif : surprendre, interroger. Sur le plan poétique, ce sera l'oxymore* ; sur le plan intellectuel, le paradoxe*.

La ponctuation

Les questions vont être nombreuses, mais Malraux superpose les voix si rapidement et si confusément que parfois le lecteur ne sait plus qui pose la question. Cette pratique peut revêtir une fonction musicale — créer une forme de chœur —, ou devenir une stratégie intellectuelle — c'est en dernier ressort le lecteur qui pose et se pose la question. Outre l'interrogation, il est une autre ponctuation fréquente et significative : les points de suspension. Cet inachèvement s'adresse à l'imaginaire. Par cette entremise, Malraux rappelle que la phrase se découpe sur le silence, que le texte se construit sur le non-dit.

Instable, nerveuse, l'écriture de Malraux traduit une recherche intérieure.

2. La composition

Modes de rupture à l'intérieur d'un modèle chronologique

De *La Voie royale* à *L'Espoir*, Malraux suit le déroulement des événements. Un respect absolu de la chronologie donnerait l'image d'un monde ordonné, sans faille. Par moments, le romancier va briser cette continuité. Ce peut être pour gagner du temps et accroître la force du récit. L'ouverture de la seconde partie de *La Voie royale* se fait par cette transition : « *Depuis quatre jours, la forêt.* » Les séquences alternées vont avoir pour effet de modifier l'interprétation : en changeant d'angle de vue, le lecteur construit une autre réalité. Enfin, les scènes simultanées font varier l'appréciation d'une situation. Dans *L'Espoir*, Malraux accumulant des nouvelles de plusieurs fronts, le lecteur ne sait plus si les troupes de Franco avancent ou régressent. C'est une manière de faire partager l'incertitude des combattants et la difficulté d'interpréter l'histoire au jour le jour.

Structures non chronologiques

Dès qu'elle s'écarte du modèle chronologique, la composition romanesque révèle une volonté du narrateur. La composition en abyme du dernier roman conduit à s'interroger sur le statut de l'histoire du père. La vie de Vincent Berger aurait pu, comme chez Zola, s'apparenter à un déterminisme. Si la vie de Jacques Lantier est déjà inscrite dans celle de Gervaise, il n'en est pas de même chez Malraux. Vincent Berger ne représente pas le destin du fils ; le narrateur est la révélation de ce qu'a vécu Vincent Berger. Dans un cheminement à rebours, le fils met au monde la vérité du père.

3. Le genre romanesque

La détermination du sujet

Lors de la parution de ses romans, Malraux a connu des déboires auprès de la critique, relatifs aux sujets qu'il avait choisis. Celui qui a suscité le plus de débats reste le premier, puisque Malraux a cru bon de s'expliquer dans « La question des *Conquérants* », où il répond à Trotsky, puis dans la postface. A la chronique de la révolution, Malraux substitue une accusation de la condition humaine. D'une manière générale, la critique est sensible à l'actualité, elle souligne donc l'engagement politique que dévoile le livre, alors que Malraux privilégie l'atemporalité, c'est-à-dire les questions éthiques* et métaphysiques*.

La conception du roman comme histoire

Par rapport à la définition traditionnelle du roman, Malraux accorde la plus grande importance à ce qui ne peut être ramené au récit, soit les éléments formels, les idéologies. Il tentera même des expériences-limites comme peuvent en témoigner ses derniers ouvrages. A propos de *L'Espoir*, se pose le problème de la cohérence et de l'unité ; il a été question de roman-reportage. Cette structure éclatée ne convient pas à un roman. Pire encore, le colloque de l'Altenburg en vient à ancrer l'intrigue dans les discussions et à paralyser la progression de l'histoire. Après *Les Noyers*, Malraux renonce à la forme romanesque et s'oriente vers l'essai.

Écriture et structure bouleversent les schémas classiques.

Malraux porte le genre à la limite de sa réalisation, puis l'abandonne. Le roman semble pour lui un mode de questionnement temporaire.

C. Les fondements de l'interrogation (S'interroger sur quoi ?)

Le roman malrucien repose sur un paradoxe* : malgré un foisonnement de questions, il ne laisse aucune impression d'incertitude, comme Verlaine, aucune impression de scepticisme, comme Montaigne. Comment Malraux peut-il concevoir un monde de l'interrogation qui ne soit pas un monde du doute ? Les principales questions portent sur l'existence, la relation à autrui, le concept de valeur.

1. L'ordre existentiel

Prise de conscience de l'absurde

Le questionnement tire son origine d'une perception du non-sens. La figure emblématique de l'absurde demeure celle de Grabot (V.R.), prisonnier enchaîné, aveugle, qui tourne en rond. D'autres personnages sont initiés à l'absurdité de l'existence en des circonstances particulières. Tel que le définit Camus, l'absurde peut être symbolisé par le divorce entre l'homme et le monde : C'est l'expérience de Garine (C.) qui assiste à son procès sans rien comprendre. Chez Malraux, il se manifeste le plus souvent lorsque le corps est amoindri : C'est le cas de Garine malade, de Perken blessé (V.R.), de Vincent Berger gazé (N.A.). Cette perception est encore présente dans *Lazare*, lorsque Malraux retrace son hospitalisation à la Salpêtrière. Il semble que l'absurde s'infiltre dans la conscience au moment où elle est accaparée par la douleur ou la sauvegarde du corps. En temps normal, elle rejette le non-sens.

Comment échapper au non-sens ?

Les postures sont multiples ; Malraux ne les cautionne pas toutes. Il y en a deux qui esquivent l'affrontement : la fuite — Perken cherchant à rejoindre le pays insoumis —, ou encore la parodie — Clappique (C.H.) feignant de croire à son talent, à ses responsabilités tout en les déclinant. Parmi les autres, c'est l'action qui mobilise le plus d'énergie : elle subjugue tous les hommes de pouvoir — les Garine, Ferral (C.H.), Magnin (E.) —, tous ceux qui, comme Perken veulent « *laisser une cicatrice* ». Malraux proposera d'autres échappatoires telles que le don de soi, incarné par Mercery (E.), la méditation à laquelle s'élèvent Alvear (E.) et Gisors (C.H.), ou la création qui est la raison d'être de Kama (C.H.).

2. L'ordre relationnel

Malraux ne cesse de s'interroger sur l'homme. C'est le sens même du Colloque de l'Altenburg, qui doit tenter de définir, à la veille du premier conflit mondial, l'homme fondamental. Qu'est-ce que l'Homme ? Cette question, qui aurait pu être le point de départ de la quête n'est pas initiale. Elle intervient à la fin de la production romanesque. L'interrogation porte sur la responsabilité de l'individu vis-à-vis d'autrui.

Les choix ambivalents

Dans certaines situations, Malraux va démontrer qu'il existe plusieurs vérités et que sur un plan éthique, il est difficile de savoir ce qui relève du Bien ou du Mal. Comme beaucoup de créations modernes, ses romans refusent le manichéisme*. Après avoir tergiversé, Kyo accepte d'emmener May avec lui (C.H.). Par cette décision, il lui fait courir des risques, mais en même temps, il la reconnaît comme compagne et construit un amour à parts égales. Le choix peut se faire plus crucial : au lieu d'exposer la vie de l'autre, le personnage peut la condamner. Manuel (E.) décidant de faire exécuter les fuyards, estime qu'il maintient la cohérence dans le camp républicain et que la mort de ces hommes est nécessaire au triomphe de la Révolution.

Les choix extrêmes

Le romancier présente, toutefois, des options qui ne comportent aucune ambiguïté. Ce peut être le sacrifice de l'autre, sans véritable cas de conscience. Informé de la menace qui pèse sur Kyo, Clappique (C.H.)

continue de jouer et ne le prévient pas ; fidèle à sa carrière de bouffon, il se choisit traître. Kyo sera arrêté. A l'inverse, le personnage peut se sacrifier. Aux côtés de Souen et Peï, Katow (C.H.) partage le cyanure qui leur évitera d'atroces souffrances. A l'image du Christ, il fait preuve de la plus grande abnégation. Avant Sartre, Malraux démontre clairement que la responsabilité par rapport à autrui engage tout l'être.

3. L'ordre ontologique*

L'origine du questionnement s'ancre dans la déclaration iconoclaste de Nietzsche : « Dieu est mort. » Fervent admirateur de ce philosophe allemand, Malraux lui rend un très bel hommage dans son dernier roman. La scène se passe dans un train ; Nietzsche, atteint de folie, effectue le voyage, entouré de ses amis. Lorsque le train passe sous le tunnel du Saint-Gothard, de l'obscurité s'élève, comme un chant du cygne, une mélodie chantée par le philosophe à la raison vacillante. Scène poétique et philosophique, ce moment d'une intense beauté célèbre la fusion de la raison et de la folie, à mi-chemin entre le déclin d'une existence et l'apogée d'une création. C'est à partir de la mort de Dieu que l'homme est en droit de s'interroger sur sa capacité à fonder des valeurs. Seront passés en revue les domaines politique, éthique* et philosophique.

Le domaine politique

Plus que sur les finalités, Malraux s'interroge sur les stratégies. Par quels moyens déjouer l'adversaire ? Garine (C.) répond par le décret ; les anarchistes de *L'Espoir* prônent la guérilla, tandis que Garcia préconise l'organisation ; Hofmann (N.A.) expérimente les gaz de combat. Malraux soutient les peuples opprimés dans leur lutte contre les colons et dénonce la collusion entre économie et politique. Il déplore les divisions qui se font jour entre révolutionnaires : le respect de la démocratie conduit à l'éparpillement des forces. Il stigmatise le recours aux techniques utilisées dans la guerre moderne, aussi bien sur les civils que sur les militaires : ces procédés n'engendrent que la barbarie.

*Le domaine éthique**

La réflexion de Malraux prend sa source dans *Les Frères Karamazov* de Dostoïevski : Comment vivre dans un monde qui bafoue l'innocence ? L'univers créé par Malraux est un monde où l'on meurt beaucoup, où l'on naît peu, où il arrive de renaître. Cette dernière formule ne fait pas allusion à une vie de l'au-delà ; elle concerne la vie terrestre. La renaissance prend place chez lui, lorsque la vie a été gravement menacée. Il l'a expérimentée après son survol de la cité légendaire de la Reine de Saba ; il en rend compte dans *Les Noyers de l'Altenburg*, au moment où le narrateur est libéré de la fosse à char. « *Ce matin, je ne suis que naissance. je porte en moi l'irruption de la nuit terrestre au sortir de la fosse, cette germination dans l'ombre tout approfondie de constellations dans les trous des nuages en dérive ; et comme j'ai vu surgir de la fosse cette nuit grondante et pleine, voici que se lève de la nuit la miraculeuse révélation du jour.* » Cette forme de résurrection qui relève à la fois du paganisme et « *des temps bibliques* » inscrit l'homme dans une succession de métamorphoses.

Le domaine philosophique

Qu'est-ce que l'homme dans l'infini ? Il semble que Malraux reprenne sans relâche cette question de Pascal. Aimant à confronter l'homme et le cosmos, il est persuadé que la grandeur de ce dernier réside dans la conscience. A ses yeux, l'homme est capable de la plus grande générosité, comme de la plus grande barbarie. Il faut le défendre, y compris contre lui-même.

Si les romans malruciens ne cessent d'interroger, répondant ainsi aux vœux de leur auteur, ils ne jettent pas pour autant le lecteur dans le doute, parce qu'ils apportent, de livre en livre, des prises de position constantes. Sur le plan politique, Malraux est toujours du côté des révolutionnaires. Tour à tour, il s'oppose à Tcheng-Daï, Chang-Kai-Shek ou Franco. Il dénonce la corruption, l'oppression et la dictature. En ce qui concerne la morale, chaque roman fait l'apologie de l'action, une action soutenue par la réflexion, une action organisée : elle a pour but de défendre les humiliés, de sauvegarder la liberté et la dignité. Philosophiquement parlant, Malraux se fait le chantre de l'humanisme. Il lutte contre l'inhumain sous toutes ses formes : la machine, l'ordre, la barbarie…

Conclusion

Le roman n'est pas particulièrement un lieu d'interrogation. Tout écrit de Malraux le sera. La question devient un instrument, à partir duquel la pensée progresse.

Bien que sa vie et son œuvre soient sous le signe du questionnement, Malraux n'est pas un sceptique. La question est gage de dynamique. Pour Malraux, vivre, c'est s'interroger. Il écrit dans *La Tête d'obsidienne* : « *Peu importe qu'on approuve mes réponses si l'on ne peut ignorer mes questions.* »

III. AUTRES SUJETS DE DISSERTATION

1. Comment comprenez-vous cette affirmation de Malraux tirée de son essai *L'Homme précaire et la littérature* :

> Le roman moderne est un combat entre l'auteur et la part du personnage qu'il poursuit toujours en vain, car cette part est le mystère de l'homme.

Vous direz dans quelle mesure cette définition correspond au(x) roman(s) de Malraux que vous connaissez.

2. Dans une note à l'édition critique de Gaëtan Picon, Malraux définit en ces termes le travail du romancier :

> Je ne crois pas vrai que le romancier doive créer des personnages ; il doit créer un monde cohérent et particulier, comme tout autre artiste. Non faire concurrence à l'état-civil, mais faire concurrence à la réalité qui lui est imposée, celle de la vie.

Vous discuterez ce point de vue en vous appuyant sur le roman de Malraux étudié en classe ou sur d'autres œuvres de l'auteur que vous avez lues.

3. En vous fondant sur l'étude du roman de Malraux ou les lectures que vous avez pu faire de l'auteur, vous discuterez cette assertion de Malraux :

> Le roman moderne est, à mes yeux, un moyen d'expression privilégié du tragique de l'homme, non une élucidation de l'individu.

4. Commentez et discutez, à l'aide du (des) roman(s) de Malraux que vous avez lu(s), cette affirmation de l'auteur tirée de *L'Homme précaire et la littérature* :

> Le génie du romancier est dans la part du roman qui ne peut être ramenée au récit.

IV. QUESTIONS POUR L'ENTRETIEN

A. Questions générales

– Quel sens donnez-vous au titre de *La Condition humaine* ?
– Quel traitement du temps (chronologie, accélérations et ralentissements, ellipses…) est apparent dans *La Condition humaine* ?
– Le romancier dans cet ouvrage crée une atmosphère spécifique : par quels moyens (sensations, lumière et ombre, couleurs…) ?
– Quelles remarques pouvez-vous faire sur la composition du roman que vous avez étudié ?.
– Comment se répartissent les personnages dans *La Condition humaine* ?
– Quelles sont les parts respectives de l'action et de la méditation dans *La Condition humaine* ?
– Quelles figures du mal répertoriez-vous dans le roman que vous avez étudié ?
– En quoi le thème de la mort est-il déterminant dans *La Condition humaine* ?.
– En quoi chez Malraux la condition humaine est-elle tragique ?
– Quelle interprétation donnez-vous du dénouement de *La Condition humaine* ?

B. Questions spécifiques

– Les héros de Malraux sont-ils des aventuriers ?
– Quelles sont les caractéristiques du personnage du terroriste dans *La Condition humaine* ?.
– Quelle place occupent les femmes dans *La Condition humaine* ? Quels rôles y jouent-elles ?
– Solitude et fraternité sont-elles inconciliables ?
– Malraux vous semble-t-il un auteur engagé dans le roman que vous avez lu ?

BIBLIOGRAPHIE

I. Les œuvres de Malraux

Les romans

Coll. « La Pléiade », *Œuvres complètes,* tome I, éd. P. Brunel, 1989.

Coll. « La Pléiade », *Œuvres complètes*, tome II, éd. M. F. Guyard, M. Larès, F. Trécourt, 1996.

Essai

L'Homme précaire et la littérature, Gallimard, 1977.

II. Biographie de Malraux

Biet, Brighelli, Rispail, *Malraux. La Création d'un destin,* Découvertes Gallimard, 1987.

Lacouture J., *André Malraux. Une vie dans le siècle*, Seuil, 1973.

III. Entretiens avec Malraux sur son œuvre

Grover F.J., *Six entretiens avec Malraux sur des écrivains de son temps (1959-1975)*, Gallimard, 1978.

Stéphane R., *André Malraux, entretiens et précisions*, Gallimard, 1984.

Suarès G., *Malraux, celui qui vient,* Stock, 1979.

IV. Études sur l'œuvre de Malraux

Carduner J., *La Création romanesque chez Malraux,* Nizet, 1968.

Gaillard P., *Les Critiques de notre temps et Malraux*, Garnier, 1970.

Godard H., *L'Autre face de la littérature. Essai sur André Malraux et la littérature*, Gallimard, 1990.

Goldmann L., « Introduction à une étude structurale des romans d'André Malraux » *in* : *Pour une sociologie du roman*, Gallimard, 1964.

Moatti C., *Le Prédicateur et ses masques, les personnages d'André Malraux*, Publications de la Sorbonne, 1987.

Picon G., *Malraux par lui-même*, (annoté par Malraux), Le Seuil, 1953.

Stéphane R., *Portrait de l'aventurier*, Sagittaire, 1950.

Stéphane R. *Malraux, premier dans le siècle*, Gallimard, 1996.

V. Études spécifiques sur un roman

Les Conquérants

André Malraux, *La Revue des Lettres Modernes*, n°6 et 7, Lettres Modernes, Minard, 1987.

La Voie royale

Malraux A., « La Voie royale », Livre de Poche, 1992 (préface, commentaires et notes de C. Moatti).

La Condition humaine

Dumazeau H., « *La Condition humaine* », « Profil d'une œuvre », Hatier, 1970.

Meyer A., « *La Condition humaine* » *d'André Malraux*, « Foliothèque », Gallimard, 1991.

Moatti C., « *La Condition humaine* », *une poétique du roman*, Archives des Lettres Modernes, Minard, 1983.

Moatti C., « *La Condition humaine* », « Balises », Nathan, 1991.

Villant P., « *La Condition humaine* », Ellipses, coll. « Résonances », 1996.

L'Espoir

Authier J.-P., « *L'Espoir* », Ellipses, coll. « Résonances », 1996.

Gaillard P., « *L'Espoir* », « Profil d'une œuvre », Hatier, 1970.

Moatti C., « *L'Espoir* », « Profil d'une œuvre », Hatier, 1996 (à paraître).

Les Noyers de l'Altenburg

Roman 20-50, revue d'étude du roman du XXe siècle,

André Malraux, « *Les Noyers de l'Altenburg* », « *La Condition humaine* », n°19, Lille III, 1995.

GLOSSAIRE

allégorie : image assez longuement développée qui soutient une idée.

assertion : proposition que l'on avance et que l'on soutient comme vraie.

catharsis : sublimation des passions. Théorie soutenue par Aristote, selon laquelle par la représentation du spectacle tragique, le public se libère de ses propres passions.

contingence : terme philosophique qui désigne ce qui peut se produire ou non. Les événements contingents sont soumis au hasard. Ils s'opposent à la nécessité.

dialectique : mouvement de pensée mis en place par Hegel, qui progresse par l'opposition des contraires (thèse, antithèse), et peut s'achever par une synthèse.

diatribe : critique violente, parfois injurieuse.

dichotomie : séparation nette entre deux éléments.

didascalie : au théâtre, indication scénique.

ellipse : omission de un ou plusieurs mots. Art du raccourci.

esthétique : conception du beau, ensemble des critères qui servent à le définir. Science du beau dans l'art.

éthique : relatif à la morale.

incantation : paroles magiques pour opérer un charme.

manichéenne : propre au manichéisme, religion perse selon laquelle le Bien et le Mal s'opposent de manière catégorique.

métaphysique : recherche ayant pour objet la connaissance de l'être absolu. Base de toute activité humaine, de l'art, de la religion.

mysticisme : ensemble des croyances. Foi, dévotion ardente.

naturalisme : mouvement littéraire, fondé par Zola dans la seconde moitié du XIXe siècle, qui refuse toute idéalisation.

nihilisme : doctrine suivant laquelle rien d'absolu n'existe. Négation des valeurs.

onirique : relatif aux rêves.

ontologique : relatif à l'être en tant que tel, indépendamment de ses déterminations particulières.

oxymore : figure de style, alliance de deux termes contraires.

paradoxe : figure d'opposition qui a pour but d'étonner, de choquer, de faire réfléchir.

plan : succession d'images, prise de vue effectuée sans interruption.
plan américain : personnages coupés à mi-corps.
gros plan : plan de très près qui privilégie un détail de la scène.

schème : terme propre à l'esthétique de Malraux. Phénomène récurrent et signifiant qui devient l'élément d'un style.

stigmates : cicatrices, comme les cinq blessures du Christ. Marques.

symbiose : étroite union.

synecdoque : figure de rhétorique qui consiste à prendre la partie pour le tout ou le tout pour la partie.

univoque : terme qui garde le même sens dans des emplois différents.

TABLE DES MATIÈRES

PRÉFACE 3
L'ŒUVRE ET SES CONTEXTES 5
I. Repères biographiques (1901-1976) 5
A. Jeunesse et formation (1901-1920) 5
B. Aventure et culture (1920-1925) 5
C. Malraux romancier : l'engagement politique (1925-1945) 6
D. Malraux ministre : les essais sur l'art (1945-1976) 7
II. Considérations sur le roman 8
A. De quelques prédécesseurs 9
B. Pour un historique du roman 15
C. Définitions 18
MALRAUX ROMANCIER 21
I. Présentation des œuvres romanesques 21
A. *Les Conquérants* (1928) 21
B. *La Voie royale* (1930) 23
C. *La Condition humaine* (1933) 24
D. *Le Temps du mépris* (1935) 25
E. *L'Espoir* (1937) 25
F. *Les Noyers de l'Altenburg* (1943) 27
II. Étude littéraire du roman malrucien 30
A. Situation de Malraux dans l'entre-deux guerres 30
B. Les composantes du roman malrucien 33
C. Action et idéologies 46
D. Philosophie et métaphysique 52
E. L'esthétique romanesque 62
L'ŒUVRE À L'EXAMEN 73
I. La lecture méthodique 73
II. La dissertation 79
III. Autres sujets de dissertation 90
IV. Questions pour l'entretien 91
BIBLIOGRAPHIE 93
GLOSSAIRE 95

Aubin Imprimeur, 86240 Ligugé. — D.L. août 1996. — Impr. L 52351